무면허 초의사

무면허 초의사

최말순 수필집

|책을 내면서|

집 근처에 이기대와 백운포가 있다. 하늘과 바다는 지평선 하나로 맞닿아 있다. 바다가 좋아서 부산으로 이사 온 후, 삶이 가볍든 무겁든 바닷길을 걸었고 바다라는 심연에 일상을 담아 두곤 했다.

심연에 가라앉았던 삶이 오래도록 노트북 속에 숨겨져 있었다. 염장으로 눌러둔 푸른 상처 하나가 떠오르면서 새살로 치유되고 있다. 그 비밀 노트가 수필집 《무면허 초(草)의사》로 출간되었다. 기쁘면서도 부끄러운 마음이 앞선다.

생명이 태어나는 순간 어른의 잘못으로 신경 장애를 입었다. 건강한 삶을 잃었고 자유 의지를 잃어버렸다. 평생을 하루에 두 알의 신경 약을 삼켜야 하고 누군가의 도움 없이는 삶의 지탱이 어렵다. 되돌릴 수 없는 현실에 긴 시간을 절망하며 멍든 내 가슴이 곧 일렁이는 바다였다.

시골집에서 흙을 만지면서부터 살아 있는 풀 한 포기 나무 한 그루에 더욱 애착하고 집착했다. 건강한 삶을 잃어버린 한 생명에 대한 트라우마로 나는 무면허 초(草)의사가 되었다. 가슴에 슬픔 한 조각 묻어 둔 사람이 있다면 나의 글 한 편이 위로가 되어 오늘이라는 시간을 샤워하고 내일에는 가벼워지길 바란다.

책 향기가 좋아 오래도록 글을 짝사랑만 했다. 문학은 지식인과 철학자들의 전유물로 생각했다. 우연히 글쓰기에 입문하였지만 읽는 즐거움의 글이 날아오르지 못하고 추락하기도 했다. 글에 대한 좌절을 이겨 낸 끈기를 주신 지도교수님과 주경야독하는 문우들의 응원 덕분에 책으로 나왔다. 감사와 고마움을 전하고 싶다.

꽃을 보듯 아이들을 바라본다. 예민하고 세심하게 아이들을 지켜본다. 나의 아픈 한 아이 때문에 해맑은 아이들의 미소가 더 곱다. 미래의 꿈을 응원한 보람된 세월이 서른 해를 넘긴다. 다시 태어나도 나는 아이들을 바라보는 파수꾼이 될 것이다.

어린이집 원장이라는 일에 최선을 다하느라 가족에게는 소홀했기에 늘 미안했다. 늦은 나이에 끙끙대며 수필을 쓰는 나를 측은해하면서도 경이롭게 바라봐 주는 착한 평생지기에게 박힌 마지막 미운털 하나 뽑는다. 도움의 손길이 가장 필요한 시기에 힘들었을 아들도 고맙다. 마지막으로 글을 쓰는 엄마에게 격한 격려와 파이팅을 외치는 딸! 고마워!

2024년 가을에
최말순

목차

책을 내면서 ···4

1부 강 여사의 놀이터

강 여사의 놀이터 ··· 10
얼음 가시 ··· 15
기쁜 이별 ··· 20
귀부인 ··· 27
입양 ··· 32
누야 ··· 38
참새들의 합창 ··· 43
지리산 ··· 48
쓰레기 더미에서 만난 영웅 ··· 52

2부 부용꽃 지다

수군포 ··· 58
인생 2막 스케치 ··· 64
그녀와 나 ··· 69
바리데기 ··· 74
부용꽃 지다 ··· 79
생의 첫 선물 ··· 84
만화방초(萬化芳草) ··· 89
A와 D의 틈새 ··· 94
황혼에 책방을 개업하다 ··· 99

3부 무면허 초의사

무면허 초(草)의사	… 104
배달 사고	… 109
너를 지우다	… 114
계란프라이 세 개 사건	… 118
산불	… 124
수선사	… 130
낙엽 다비(茶毘)	… 134
교복 입고 출근했다	… 139
범종에 실어 보낸 그리움	… 144

4부 비상

비상(飛上) 1,2	… 150
사선(死線)	… 160
좋은 이웃	… 165
나무의 미소	… 170
비손	… 175
준식이 엄마	… 179
몽골로 간 사울이	… 184
새들의 잔치 마당	… 189
공부하기 딱 좋은 나이	… 193

5부 스마일 이즈 마이 라이프

플라스틱 물고기 … 198
흔들렸던 우정 … 203
목민심서 … 208
모비 딕 … 214
영영아 보육 … 219
김장 잔치 … 223
뒤늦은 환갑 여행 … 228
크리스마스의 별 … 233
스마일 이즈 마이 라이프
(Smile is my life) … 238

작품 해설

정감의 화술과 인생 성찰로 직조한 서사
 - 박양근(문학평론가, 부경대 명예교수) … 242

1부
강 여사의 놀이터

강 여사의 놀이터
얼음 가시
기쁜 이별
귀부인
입양
누야
참새들의 합창
지리산
쓰레기 더미에서 만난 영웅

강 여사의 놀이터

굵은 장맛비가 시원스럽다. 이번 주는 시골에 가지 않아도 된다. 엄마 없는 시골 빈집의 황토 마당을 적시는 빗소리가 귀에 들리는 듯하다. 아파트 창문 밖에 내리는 빗줄기에서 시골집 마당과 논밭에도 떨어지고 있을 비를 떠올린다.

소나무 숲으로 둘러싸인 산골 동네다. 어머니와 아버지가 평생 살던 곳이다. 부모님은 2남 4녀의 자식을 두었다. 방 두 개에 부엌과 소 마구간, 아래채가 있는 평범한 집이었다. 아이들이 크면서 아래채 헛간 옆에 방 하나를 더 마련했다. 아버지는 쉰여덟에 어머니를 두고 먼저 떠났다. 어머니는 아흔까지 이 집을 꿋꿋이 지켰다.

장맛비가 내리면 늘 떠오르는 풍경이 있다. 그때는 보리를 베어 낸 논에 물을 가두어 모내기했다. 지금처럼 농수로가 없던 시절이라 막내였던 아버지의 농사일은 참으로 힘들었다. 먼저 큰아버지 논부터 소를 앞세워 쟁기를 끌었다. 형제의 논을 차례로 갈아옆는 아버지의 노동이 안쓰러운 듯 소는 커다란 두 눈을 껌뻑이며 쟁기질을 함께했다. 가뭄 때는 전봇대 길이의 나무에 양철 두레박을 매달아 지지대 위에 세우고 물을 논으로 퍼 올렸다. 그 연후에야 아버지는 우리의 논에 모를 심을 수 있었다.

도시에 살던 오빠가 한동안 어머니를 모시고 시골에서 살았다. 아버지의 삶을 따르듯 소를 키우고 비닐하우스 딸기를 했지만 외환 위기가 닥치면서 빚만 잔뜩 늘어났다. 오빠가 다시 도시로 나갈 수밖에 없게 되면서 어머니가 살던 집과 별채로 지은 오빠의 집과 전답을 정리해야 했다. 전답과 선산은 그렇다 치더라도 시골집과 텃밭을 남에게 넘긴다는 건 엄마에겐 견딜 수 없는 고통이었다. 아버지와 함께 자식 육 남매를 건사하며 평생을 지켜 온 산과 논밭이었다. 파산이었다. 한순간에 경매로 넘어가게 된 것이다.

엄마는 조선시대의 유교적 윤리 규범 삼종지도를 삶의 도리라고 여기며 살아왔다. 특히나 장남에 대한 애착과 집착은 참으로 컸었다. 아버지가 떠난 뒤 큰아들과 함께 사는 것은 당연했다. 한동안 장남과 손주의 재롱 속에 엄마는 행복한 봄날이었다. 장남과 분리된 삶은 결코 상상할 수 없는 일이었다. 하지만 장남을 따라갈지라도 도시에는 가지 않겠다고 엄마는 며칠을 드러누웠다. 결국 오빠는 떠났다. 어쩔 수 없이 막내딸이 엄마가 살던 집과 텃밭만을 겨우 건져 내어 시골집의 새로운 주인이 될 수밖에 없었다.

요양병원에 계시던 어머니가 돌아가시고 2년 동안은 집이 비어 있었다. 태어나 자란 집, 비상을 꿈꾸던 집, 부모님이 고생한 집, 정겹고 마음 아린 곳이지만 시골서 사는 일은 없으리라 여겼다. 조금씩 삭아 가는 집을 팔려다 내가 한 번씩 들르기로 했다.

나는 시골집을 모두 뜯어고쳤다. 위채는 그대로 두고 아래채를 헐었다. 콘크리트 담장도 헐었다. 아래채의 기름보일러 층과 연탄보일러 선을 걷어 내었다. 바르고 걷어 내고 정리하는 데 나흘이나 걸렸다. 그동안 아버지와 어머니의 악착스러운 세월이 얹힌 갖가지 살림 도구도 정리했다. 몇 개의 물건만 남았다. 어머니의 손때 묻은 호미와 재봉틀, 서랍마다 노란색 동 장식이 달린 아버지의 은행나무 책상도 남았다.

새로 도배한 방에 어머니의 재봉틀과 아버지의 책상을 옮겼다. 두 분이 새로 단장한 방으로 들어와 책상과 재봉틀 앞에 앉는 듯했다. 어릴 적 어머니는 같은 무늬의 천으로 딸들이 입을 옷을 즐겨 만들었다. 아버지는 먹을 갈아 붓글씨로 쓴 족보 책자를 손수 엮어 책상 위에 포개 두었었다. 두 분은 이런 시간을 꿈꾸며 평생 고생했으나 가난이라는 멍에를 벗어나지 못했다.

마당에 잔디를 심은 지 두 달이 지나니 짙은 녹색 빛이 마당 가득 펼쳐졌다. 봄날이 오고 그 봄날이 지나갔다. 애써 심은 꽃나무의 잎이 오뉴월 뙤약볕에 마를 즈음 장맛비가 내렸다. 아버지가 모를 심을 때에도 그토록 내리지 않은 장맛비가 아닌가. 동네 사람들이 지나면서 상추나 고추 같은 채소가 아니라 먹지도 못하는 잔디를 왜 심었는지 모르겠다며 한마디씩 했다. 농작물이 농촌의 생계를 책임지니 동네 어른들의 근심은 이해하고도 남음이 있었다. 만약 어머님이 계셨다면 뭐라고 말씀하셨을까.

동쪽 돌담 울타리에 남천을 심었다. 봄에는 새순을 펼치고 가을에는 빨간 열매와 단풍으로 이 집을 지킬 것이다. 길 건너 텃밭에서 옮겨 온 앵두와 매실나무를 심고 수국 몇 그루와 덩굴장미도 심었다. 햇살은 온종일 머물게 되었고 벌, 나비, 새들이 날아들자 제법 소박한 정원이 되었다. 한 해가 지나니 엉성하던 마당에 꽃들이 방실거린다.

앵두나무 가지 위에 호미 한 자루도 걸었다. 어머니가 평생 썼던, 앞이 뭉툭해진 호미다. 자식을 위해 무인 경비 시스템 텔레캅을 장치한 것 같아 든든하다. 시골집을 지키며 평생 밭일하던 호미였으나 이제는 채소와 곡식을 키우기보다는 딸을 지켜 주고 기다려 주는 어머니의 분신이라 여긴다.

시골에 가면 모든 게 다 있다. 어린 날 추억이 걸려 있고 부모님의 사랑이 있고, 살아가야 할 길도 보인다. 자동차로 두 시간이 걸리는 거리가 이제는 가깝게 느껴지고 시골에 다녀올 때마다 막내딸인 나는 늦게나마 철이 들어 간다. 생전의 어머니에게 안부를 묻듯이 혼잣말도 보탠다.

어머니는 말년에 귀가 어두웠다. 전화를 걸면 여러 딸의 목소리 분간이 어려웠다. 나는 목청껏 "강 여사" 하고 고함을 질러 댔다. 그러면 어머니를 놀리려는 막내딸인 줄 금방 알아챘다. 강 여사의 귀가 열리면 그때는 소녀처럼 깔깔 웃었다.

"강 여사, 십 년만 웃게 해 줄게. 십 년만 옛 놀이터에서 웃으며 놀다가 가. 이제는 양식 걱정, 자식 걱정, 물 걱정, 영감 걱정 안 해도 되잖아. 반으로 접은 허리 쭉 펴고 웃으며 살아. 자식을 최고로 여긴 강 여사였잖아. 집이랑 텃밭이랑 그대로 있잖아. 이젠 일터가 아니라 놀이터야. 마당에 꽃밭을 만들어 두었으니 한두 번 물이나 줘. 길 건너 텃밭도 잘 가꿀 테니 뒷짐 지고 와서 점심때 드실 푸성귀나 뽑으면 돼."

어머니는 자식들을 기다리며 신작로 쪽을 바라보며 얼마나 서성였을까. 세월이 지나 부모님 나이를 넘겨 보니 호밋자루 손에서 놓지 않았던 어머니와 은행나무 앉은뱅이책상에 다리를 붙여 막내딸에게 내어준 아버지의 마음을 조금씩 알아 간다. 숱한 세월 지나야 자식은 철드는 것, 예나 지금이나 그건 변하기 어려운가 보다. 엄마란 존재는 언제나 시골집 그 자리에서 자식을 기다려 주는 줄로만 알았다.

얼음 가시

사람은 누구나 추억 하나쯤은 가지고 산다. 그것이 사람이든 사물이든 장소든 이런 추억은 우리 생활에 종종 좋은 영향을 미치기도 한다. 나 역시 간직하고픈 추억 거리가 하나 있다.

봄소풍 날이다. 하얀 쌀밥이 나무 주걱에 실려 부뚜막 사구에 담긴다. 보리쌀에 쌀 한 줌 섞인 평소의 보리밥이 아니다. 절구 안에서 몽돌로 곱게 간 꽃소금은 싸락눈처럼 하얀 밥 위에 내린다. 소주 대병에 솔잎 마개를 막은 참기름병을 평소엔 눈물만큼 떨구더니 오늘은 쌀밥 위에서 크게 두 번을 맴돈다. 깨소금 솔솔 뿌려 둥글게 뭉친 주먹밥에 김으로 감싸는 엄마 손에서 고소한 참기름 냄새가 난다.

소풍날은 보통 때보다 일찍 학교에 온 아이들로 운동장이 붐볐다. 출발 전에 언니와 셋이 도시락 보자기를 풀었다. 우리는 정문 옆 사철나무 울타리 화단에 쪼그리고 앉아 주먹밥 하나씩을 꺼내 미리 먹었다. 주먹밥은 세상 어디에도 없는 꿀맛보다 더한 꿀맛이었다. 첫 소풍인 나는 언니 뒤를 졸졸 따라다니며 좋아서 입을 다물지 못했다.

소풍을 간 곳은 학교 근처의 넓은 강가 모래 자갈밭이었다. 출발 시간이 아직 멀었다. 학교 아치형 정문 옆 플라타너스나무 아래에 노점상들이 보따리를 풀어 난전을 펼쳤다. 과자와 사이다 같은 군것질거리를 파는 곳으로 아이들이 모여들었다. 그날 엄마에게 5학년 둘째 언니는 30원, 3학년 셋째 언니는 20원, 1학년인 나는 5원의 용돈을 받았다. 아이들은 운동장 여기저기서 여유롭게 군것질하며 재미나고 즐거운 표정들이다. 6학년 사촌 언니와 둘째 언니가 5원씩 돈을 모아 사이다 한 병도 샀다. 유리병에는 크고 작은 별 그림이 있었다. 별을 마시듯 달달한 탄산 사이다를 한 모금씩 돌아가며 마셨다. 군것질 재미는 늘어 갔지만 주머니의 동전은 점점 줄어들었다.

어린 소년이 사각 나무통 상자를 어깨에 메고 아이들 속을 오가며 "아이스께끼, 아이스께끼"를 길게 외치고 다녔다. 아이스께끼 통을 열 때마다 드라이아이스의 하얀 김이 뿜어져 나왔다. 통을 열 때마다 비닐 포장 없이 팥물이 들어 꽁꽁 얼어 있는 석빙고 하드는 군침을 돌게 했다. 모두 주머니를 만지작거렸다. 사촌 언니가 동전 2원을 꺼냈다. 그리고 둘째 언니의 1원, 셋째 언니의 1원을 합쳐서 4원 하는 아이스께끼 하나를 겨우 샀다.

누가 먼저 한 입씩 베어 먹어야 할지 서로의 얼굴을 빤히 쳐다보았다. 나는 돈을 내지 않았으니 안 줄까, 내 차례가 오기나 할까, 조마조마 눈치만 보며 기다렸다. 사촌 언니는 내게 먼저 한 입 베어 먹으라고 하드를 들이밀었다. 얼음통에서 나온 하드는 꽁꽁 얼어 단단했다. 단단함과 돈을 안 낸 미안함으로 눈곱만큼 베어 먹었다. 처음 먹어 보는 얼음과자 맛은 달달하였고 입안에서 살살 녹았다. 한겨울에 먹어 본 맹물 고드름 맛과는 비교가 안 되었다.

사촌 언니가 한 번 더 베어 먹으라고 했다. 둘째 언니, 셋째 언니 차례인데 의아하게 여겼다. 이번에는 단맛의 유혹에 생각 없이 하드를 길게 베어 먹었다. 입안 가득 들어온 달콤한 얼음과자가 천천히 녹았으면 하는 마음뿐이었다. 하드 길이는 짧아져 있었다. 이미 저만치서 사촌 언니는 등을 돌리고 하드를 먹고 있었다. 두 언니에게는 한 입도 주지 않고 사촌 언니와 나만 하드를 먹어 치운 것이다.

둘째 언니는 눈을 흘기며 내 머리 정수리 위로 가벼운 주먹 꿀밤을 줬다. 셋째 언니는 울상이 되어 코만 씰룩거렸다. 두 언니에게 미안하고 무안했다. 달콤한 아이스께끼는 내 목구멍을 아프게 했다. 그날 목으로 넘어간 팥 아이스께끼는 어린 마음에 얼음 가시가 되어 목에 덜컥 걸려 버렸다.

어른이 된 후로 큰언니는 먼저 세상을 떠났다. 세 자매는 늘 서로를 잘 챙겨 주었고 휴가와 여행도 자주 같이 다녔다. 특별한 날 쇼핑하는 일이 생기면 나는 늘 언니들 생각이 났다. 가방이나 옷을 살 때면 내 것만 달랑 하나 사는 일은 없었다. 가격이 부담되면 할인하는 때를 기다려 두 언니 것을 같이 사야 기분이 좋아지고 마음이 편했다.

　오래전 밍크코트가 유행하던 때가 있었다. 고가의 밍크코트를 하나 사면서도 내 것만 살 수 없었다. 절반가로 할인하는 여름에 할부로 두 언니 것을 사고 나니 기분은 더없이 좋았다. 여유가 있어서도 아니었다. 각자의 삶이 있다지만 두 언니와 함께 나누어야 편하고 같이 즐거워야 한다는 게 평소 나의 생각이었다. 얼음 가시 트라우마인지, 어릴 적 언니들이 나에게 나누어 준 엄마 같은 지극한 사랑 때문인지, 아직도 두 언니에 대해 빚졌다는 생각은 변함이 없다.

　살면서 아파트 평수를 늘려 가며 세 번을 이사했다. 셋째 언니는 형부의 사업 실패로 가족이 신용불량자까지 되어 월세방에 네 가족이 힘들게 살았다. 넓은 평수로 이사 가는 게 미안해 살고 있던 작은 아파트를 조건 없이 언니에게 주고 갔다. 내가 언니보다 형편이 조금 나으니 대출의 일부를 대신 안았다. 함께 잘 살았으면 하는 마음이었다.

　10년쯤 지나자 언니의 삶이 안정되었다. 언니는 아파트를 되돌려 주었다. 투기 붐이 일면서 많은 차액까지 생겼다. 언니와 여행도 다니고 휴가도 함께 보낸다. 언니는 나에게 엄마 같은 존재다. 진주에 사는 둘째 언니는 철마다 농산물을 보내온다. 셋째 언니는 가까이 살면서 의지가 되고 있다. 함께 바라보며 곁에서 나누는 기쁨이 얼마나 큰지 모른다. 언니들이 곁에 있어 부모님이 살아 계신 것처럼 든든하다.
  어느 날은 소풍날 혼자 먹은 아이스께끼로 미안하고 마음이 늘 불편했었다며 두 언니에게 속마음을 털어놓았다. 언니들은 그 말에 기억조차 없다며 깔깔 웃었다. 목에 걸려 있던 얼음 가시는 일순간 스르르 녹아내렸다. 가끔은 팥 아이스께끼로 세 자매의 어린 시절 추억의 맛을 베어 문다.

기쁜 이별

잦은 봄비로 5월이 푸르름의 물결이다. 새순의 싱그러움은 나에게 늘 새로운 기운을 안겨 준다. 이 나라의 새싹들을 위해 어린이날을 만들었던 그분의 정신세계를 다시금 되새긴다. 아동의 권리 보호 운동을 펼쳤고 일제 강점 어려운 시기임에도 색동회를 주도하여 아동 문학을 본격화했다. 아이들이 행복하게 자랄 수 있는 환경을 만들어 갔던 소파 방정환 선생이다.

내가 받은 평생의 달란트는 아이들을 바라보는 소명이다. 가끔 생각나는 한 아이가 있다. 주민 센터를 통해 8개월 된 아이가 입소했다. 청각 장애가 있는 엄마가 하는 수어를 나는 이해하지 못했고 내가 하는 말 또한 아기 엄마가 알아듣기 힘들었다. 그래서 서로 메모지에 글을 써 가며 의사소통을 했다. 아이 엄마는 또박또박 참한 글씨를 적어 가며 받침 하나 틀리지 않고 하고 싶은 말을 표현했다.

일주일간 모자는 교실에서 함께 적응 시간을 가졌다. 적응 시간이 지나면 아이 혼자 등원해야 한다. 엄마와 떨어져야 하는 아이는 처음 며칠은 분리 불안을 느끼지만 한두 주가 지나면 대부분 적응해 나간다. 엄마가 분리불안 애착이 심해서 아기 혼자 보내기를 힘들어하고 있었다.

아기는 옹알이도 하지 않고 불러도 손짓 눈짓에 반응하지 않았다. 엄마는 귀가 들리지 않고 아빠도 청각 장애와 농아로 부모가 말을 할 수 없는 상황이라 아이에게 언어 발달에 지장을 줄 수 있다는 주민 센터 직원 당부의 말을 단단히 챙겨 들었다. 나는 영아반 교사와 상의한 후 양해를 구하고 당분간 아이와 엄마가 등·하원을 함께하여 교실에서 지내도록 했다. 교사와 아이들의 일상 생활을 보게 되면 아기 엄마는 분리불안도 없어지고 육아에 도움이 될 만한 일이 있을 거로 생각했다.

어린이집을 운영하면서 처음으로 가정방문을 했다. 생활환경이 궁금했고 언어가 어려운 부모의 아기가 걱정되었다. 집은 감만동 꼭대기 가파른 산동네였다. 단칸방에서 영민 아빠가 혼자서 텔레비전을 시청하고 있었다. 소리가 어찌나 큰지 고막이 터질 지경이었다. 영민이가 소리 때문에 귀가 아플 테니 볼륨을 줄여 놓는다고, 볼륨은 손대지 말고 스위치만 켰다 껐다 해 달라고 손동작으로 부탁하니 고개를 끄덕인다.

소리를 최대로 키워 놓아도 부모는 감지할 수 없다. 스스로 조절 능력이 없는 아이는 표현이 어려워 고음으로 귀가 아프다고 말할 수 없었을 것이다. 티브이 소리만 들었는데도 여러 가지 어려움이 예상되었다. 영민이 고막에 이상이 생기지나 않았을까 걱정이 되었다. 동네병원 소아청소년과에 들렀다. 간단한 청력 테스트를 했다. 한쪽 귀는 소리 반응을 보이고 한쪽 귀는 반응을 보이지 않았다. 좀 더 두고 보아야 한다는 소견이다.

지인이 운영하는 두레 작업장을 찾았다. 영민이 가정을 위해 가벼운 일거리를 좀 달라고 부탁했다. 일거리를 나누어 줄 수는 있는데 남구에서 사상구 주례까지 와서 직접 가져가고 완성되면 다시 가져와야 한다고 했다. 내 차로 가능하니 일거리만 많이 달라고 했다. 그때는 초보의 서툰 운전에 길치였지만 두려움을 숨기고 갈 수 있다고 대답부터 해 버렸다.

영민 아빠에게 일거리가 생겼다. 쇼핑 봉투 접는 일과 신발 밑창에 접착제를 붙이는 일이다. 우선 쇼핑 봉투를 실어 와 영민이 집에 풀어 놓았다. 무료한 일상에서 벗어나고 티끌 모아 태산이듯 수급 가정에 매월 일정 금액의 지원금으로 살아가는 살림에 뭔가 도움이 될 수 있기를 바랐다. 신발 밑창을 붙일 때는 접착제 냄새가 심하다고 코를 두드리고 눈을 찡그렸다. 돈을 벌려면 참아야 하고 창문을 열어 환기를 자주 시키면 된다고 말했다. 그러고 보니 단칸방에는 창문이 없고 쪽마루에 두 짝의 미닫이 출입문뿐이다. 방문 여닫기 몇 번을 하고 두 손으로 접착제 냄새를 몰아내는 시늉을 했다. 엉터리 수어 동작에 영민이 아빠가 알아채고는 고개를 끄덕였다.

영민 엄마는 날마다 집에만 있다가 어린이집에 아이와 같이 등

원하는 것을 즐거워하였다. 내 아이와 또래 아이들을 유심히 관찰하듯 지켜보았다. 교사를 도우며 하루 종일 모든 일상을 같이 했다. 교사 옆에서 지내다 보니 어느덧 재치 있고 눈치 빠른 보조 교사처럼 되어 갔다. 시간이 흐르면서 모자는 어린이집 생활을 이해하고 익숙해졌다. 아이를 위한 역할이 늘어나고 사소한 것이지만 알아 가는 기쁨으로 표정이 밝아지고 있었다. 마음이 맑고 미소가 예쁜 엄마였다.

담임 교사는 영민의 반응을 끌어내기 위해 관심 가질 만한 놀이로 조금씩 몰입을 높여 가는 노력을 했다. 환경의 변화와 또래와의 상호작용과 교사의 노력에 얼마간의 시간이 지나고 영민의 표정이 달라지기 시작했다. 웃기도 하고 눈빛 손짓으로 자신의 욕구를 표현하기 시작했다. 교실에서 아이들의 일상을 보며 많은 것을 보고 배울 수 있어 감사하다며 아이 엄마는 메모로 마음을 보여 주었다. 육아에 대한 자신감을 느끼는 듯 보였다. 모자가 심리적 안정을 얻고 적응할 때까지만 함께 등원을 생각했지만, 교직원이나 부모도 그 일상에 대한 거부가 없어 일 년을 그렇게 지냈다.

어느 날, 영민 엄마는 눈물이 글썽였다. 무슨 일이냐고, 놀라서 물었다. 눈물 콧물 범벅이 되어 아이가 울고 있었는데 밤새 부모는 아침까지 잠만 잤다고 했다. 일어나 보니 아이는 열이 나 온몸이 불덩이였다고 했다. 가슴을 세차게 두드리며 마음에 눌러둔 그동안의 힘들었던 지난 일들이 속울음이 터져 나오고 있었다. 어느 날은 커피포트를 높이 올려놓고 물을 끓이는데 아이가 전선을 건드려 뜨거운 물이 아래로 쏟아져 위험했던 순간도 있었다며 가슴을 쓸어내리기도 했다. 자신이 아이와 언어로 소통할 수 없어 답답하다며 먹먹했던 순간들의 여러 사건을 글로도 보여 주고 수어로 다시 말해 주었다. 그녀를 바라보며 토닥이고 있는 내 마음이 아려 왔다.

함께한 한 학기를 생각해 본다. 곁에서 바라보며 위로하고, 도움 주고, 온 마음 다해 보육과 교육을 한다고 해서 아이의 언어 고립 근본적인 문제가 해결될 것 같지 않았다. 부모와의 언어와 애착 형성은 모든 관계의 기초가 된다. 부모와 애착 형성이 되지 않은 아이는 이후 친구와의 관계나 사회와의 관계에도 어려움을 겪는다. 마음은 더욱 안타깝고 무거웠다. 아이에게 이 가정에 꼭 필요한 삶의 등대는 어디에 있을까, 찾아 주고 싶었다. 부모와 친척이 있는지 물었다. 처음에는 없다고 했다. 며칠 뒤 울산에 유일한 혈육인 남동생이 살지만, 오래도록 왕래가 없다고 했다. 남동생의 연락처를 건네주면서 자신의 처지로 남동생에게 혹여 누가 될까 염려하여 망설이고 주저했다. 연락처를 건네주면서도 머리를 흔들며 연락하지 않기를 바라고 있다.

며칠을 고민했다. 울산의 영민이 외삼촌과 전화 연결이 되었다. 오랜 연락 두절로 조카가 태어난 줄도 모르고 있고 얼굴조차 본 적이 없다고 했다. 안타까운 현재 상황과 위험했던 순간을 설명했다. 자라면서 자연스럽게 배워야 하는 평범한 언어 습득이 영민이에게는 너무나 어렵다. 집에서 아이의 말을 들어 주고 바라봐 줄 누군가가 있었으면 하니 도와 달라고 부탁했다. 아이가 어느 정도 자신을 표현할 때까지만이라도 곁에서 지켜봐 달라고 일방적인 호소와 부탁을 했다. 외삼촌은 난감해하는 듯 말을 잇지 못했다. 부모와 친척이 없는 동생도 혼자 세상을 비벼 가며 홀로서기를 위해 힘겨운 삶을 살아가고 있는 것 같았다.

두 주 후에 외삼촌에게서 연락이 왔다. 긴장되었다. 가족 형제는 바라보며 서로에게 힘이 되어 주어야 한다. 피는 물보다 진하다고 하는데 설마 외면하지 않겠지 하는 마음이었지만, 거절하면 어쩌나 하는 떨림과 두려움이 있었다. 외삼촌은 직장 따라 울산에서 각자의 삶을 살면서 누나를 잊고 지냈다고 한다. 남매뿐인데 너무 무심했다며 그간의 사정을 알려 줘 고맙다고 했다. 울산으로 이사를 시켜 가까이서 어린 조카를 잘 돌보며 살겠다고 했다.

말문이 트인 아이는 집에서 부모에게 못하는 언어들을 이제 외삼촌에게 마음껏 종알종알 쏟아 낼 것이다. 연둣빛 새순으로 피어날 영민의 쫑알거리는 언어들이 침묵으로 굳어 버린다면 얼마나 슬픈 일인가, 이제 외삼촌은 조카의 등대 불빛이 될 것이다.

한 해를 함께 보내고 몇 해를 더 함께할 시간이 남았고 서운했지만, 아이를 보내야 했다. 엄마 아빠를 외치고 친구들 이름을 부르고 언어가 고물고물 입 밖으로 튀어나올 무렵 영민이는 울산으로 이사를 갔다. 이사하던 날 이삿짐을 실은 트럭이 원을 찾아왔다. 작별 인사를 나눈다며 영민이 가족과 외삼촌도 함께 왔다. 아이를 꼭 껴안고 마지막 포옹을 했다. 눈물이 났다. 등대를 찾아 떠나는 기쁜 이별이다.

귀부인

국화과 꽃 중에 귀부인이란 꽃이 있다. 홑겹 꽃잎이 들국화를 닮은 듯 소담스러우면서 은은한 향기와 기품이 느껴지는 꽃이다. 꽃꽂이로 여러 종류의 꽃을 자주 만지던 시간이 있었다. 가지가 단단하고 향이 오래가는 꽃이어서 수반 침봉에 자주 꽂았다.

하얀색, 분홍색, 자주색, 황금색 등 여러 가지 색깔 중 분홍색을 띤 것을 꽃집에서는 귀부인이라 부른다. 그 꽃을 바라볼 때마다 한 친구의 모습이 늘 떠올랐다. 어느 순간부터 그 친구를 이름 대신 "귀부인" 하고 불렀다. 신분이 높거나 재산이 많은 집의 귀부인이 아니라 마음이 향기로운 친구의 품격이 내게 느껴져 귀부인이라는 호칭을 붙였다.

택배가 왔다. 커다란 종이 상자를 열어 보니 고운 한지로 감싼 속 겹에는 수염 달린 옥수수가 가득하다. 부산에 사는 형제들과 나누라며 귀부인이 보내온 것이다. 정겹고도 감동적이었다.

두 달 전이다. 밤 11시가 넘어 잠결에 카톡이 울렸다.

"친구야, 늦은 시간이제? 우리 엄마가 하늘나라로 가셨다. 조금 전에."

친구 엄마의 부음(訃音)이다.

귀부인 가족들은 대부분 가까이서 살아 서로 자주 보며 사랑과 효도를 아낌없이 주고받는 사이였다. 특히나 귀부인은 엄마가 좋아하는 음식과 함께 매일 출근하듯 엄마를 보살펴 왔다. 사별한들 후회 없을 그 마음이 늘 부럽기만 하였다.

친구 엄마는 유모차를 끌고 막내아들이 농사짓는 논밭과 동네를 한 바퀴 휘둘러보고는 다리가 풀려 길섶에 주저앉았다고 한다. "딸아, 오늘 내 머리가 좀 이상타" 하며 엄마가 핸드폰으로 전화를 걸어 왔다. 늘 하던 엄마의 투정이려니 하고 괜찮다 싶어 딸은 그 순간 무심히 넘겼다. 엄마는 늘 곁에 있으려니 했고 남동생이 동네 가까이 있으니 안심했다. 잠시 후 엄마는 해거름에 기억을 잃었고 귀부인은 뒤늦게 병원으로 달려갔다. 친구 엄마는 막내딸이 근무하는 대학병원에서 가족들이 임종을 지켜보는 가운데 먼 길을 떠났다.

친구 엄마의 마지막 길은 평온해 보였다. 한 번은 가고야 마는 그 길은 사람마다 경우에 따라 편하게도 가고 힘겹게도 간다. 고통이 길어지면 가족들은 생채기를 내기도 한다. 엄마의 마지막 목소리를 알아차리지 못했다며 귀부인은 괴로워했다. 엄마의 손을 잡고 유언을 듣지 못했다며 마음 아파했다. 엄마를 보낼 준비는 하고 있었지만, 아직 그날이 아니라 여긴 것이다.

아침밥에 된장국만 봐도 눈물이 나고 가지나물을 무치다가도 눈물이 나서 주저앉았다는 문자가 온다. 자식들이 얼마나 잘 모셨으면, 엄마는 늘 자식 덕분에 호강했다고 흐뭇해하셨다. 엄마가 자식들을 바라보며 행복해하는 그 자체가 자식 모두에게 주는 마지막 유언이 아니었을까.

 아버지를 마음에서 보내 드리지 못하고 힘들어했던 시간이 내게도 있었다. 병풍 뒤에서 잠자듯 누워 계신 아버지, 라디오 녹음테이프에서 사흘 밤낮으로 흘러나오는 부모은중경(父母恩中經). 처음 해 보는 이별이었다. 목탁 소리와 함께 불경은 시간이 지날수록 나의 가슴을 쳤다. 아버지와의 사별로 나는 엄마에게 지나치리만큼 집착하게 되었고, 어렴풋하게 부모님에 대한 효를 알게 되었다.

 친한 친구라고 하면서 멀리 있다는 이유로 겨우 문상으로만 저승길을 배웅하고 왔다. 밤에 함께 있다 올걸, 장지에 따라갔다 올걸…. 살아생전에 친구 엄마를 한 번이라도 뵙지 못한 마음이 후회되었다. 친구가 우리 엄마에게 해 준 지난날들의 고마움이 새록새록 떠오른다. 힘들 때 가장 내 마음을 다독여 주었고 위로와 힘을 준 친구였다.

 육 남매가 모두 출가하고 아버지가 안 계신 시골집에 혼자 남겨진 울 엄마였다. 두 지붕 한 가족으로 옆에 살던 오빠마저 농사 빚을 안고 도시로 떠났다. 오빠는 동네 사람과 사촌 오빠와의 보증 관계로 얽혀 서먹해졌다. 엄마와 막내딸이 진주와 부산에서 서로 마음을 붙들고 있어야 하는 처지였다.

 엄마는 크고 작은 일이 있을 때마다 나에게 전화를 걸어 왔다. 서로가 연락이 없을 때는 불안하여 수시로 안부 전화를 걸어야 했다. 다달이 용돈을 보내 드리면 동네에서 가까운 시골 우체국에 가서 찾는 기쁨을 매달 뽐냈다. 그 기쁨을 즐기게 해 주려고 매달 용돈을 보냈다. 용돈이라고 해 봐야 단돈 이삼만 원이 고작이었다. 그것만이 엄마에게 내가 할 수 있는 그때의 유일한 사랑법이고 위로였다.

 몇 해 전 밤에 엄마에게 전화가 왔다. 갑자기 잘 나오던 TV가 안 나온다는 것이다. 서비스 센터가 가까이 있는 것도 아니어서 막막했다. 이러지도 저러지도 못하는 내 마음을 귀부인에게 하소연했다. 컴컴한 그 밤에 그녀는 남편과 함께 진주에서 차로 40분 거리의 시골로 달려가 문제를 해결해 주고 왔다. 나도 그녀도 무면허 운전 때였다. 그저 답답한 마음에 한 하소연이었는데 그렇게 달려갈 줄은 몰랐다. 며칠 후에는 소고깃국을 끓여 주고 갔고 텅 빈 냉장고까지 채워 주고 갔다. 그때 친구의 형편도 그리 넉넉하지 않았던 때였다.

 그녀는 육 남매 막내아들에게 시집갔다. 막내아들만 대학에 보냈다는 이유로 시댁 부모님은 유산으로 문전옥답을 장남과 차남 순서로 주었다. 막내아들은 농사를 안 지을 것이라 여겨 볼품없는 골짜기의 논을 받았다.

 몇 년 후에 친구의 소유 전답이 도시 계획으로 모두 국도에 편입되어 거액을 보상받았다. 장남의 심기가 매우 불편했다. 귀부인은 남편을 설득하여 덤으로 생긴 돈이니 1억을 장남에게 주자고 했다. 나머지 형제에게도 얼마간의 돈을 나누어 가졌다고 한다. 부모 사후에 재산 상속 분배로 시끄러운 집안의 다툼이 빈번한 시대에 쉽지 않은 결정이다. 돈보다 집안의 화평을 택했다. 과연 그 마음이 으뜸 귀부인이다.

"친구야, 왜 이리 엄마에게 못 해 준 거만 생각이 날까?" 하고 귀부인이 요새 자주 울고 있다. 연분홍 귀부인 꽃 한 다발 들고 나의 지란지교 친구를 만나러 가야겠다.

입양

　전쟁을 겪은 후 사회적 환경이 어려운 시기였다. 사업 실패로 아버지는 알코올 중독자가 되었다. 두 아이는 아버지가 늘 무서웠다. 어머니는 아버지의 구타와 폭력에 견디지 못하고 다섯 살, 세 살 어린 두 아들을 두고 가출해 버렸다.
　며칠 후 아버지는 폭력으로 구속되어 감옥에 갔다. 두 아이는 부모를 잃었고 집도 잃었다. 고아가 되어 거리의 아이로 지냈다. 문전걸식으로 쓰레기통을 뒤지기도 했고 시장 사람들이 주는 음식을 얻어먹으며 다리 밑에서 잠을 자기도 했다.
　동생은 난전에서 물건 파는 아주머니가 데려간다고 했다. 나도 동생하고 같이 가고 싶다고, 나는 왜 안 데려가냐고, 다섯 살 아이는 아주머니에게 물었다. 너는 한쪽 다리가 불구라서 데려갈 수가 없다고 했다. 결국 새 옷 입혀 동생만 데려갔다. 다섯 살 아이는 혼자가 되었고 누군가에 의해 애육원으로 보내졌다. 얼마 후 다시 홀트아동복지 시설로 옮겨져 그곳에서 13살까지 지냈다.

홀트아동복지회는 6.25 전쟁 발발 5년 후 1955년 미국인 해리 홀트와 그의 부인 메리언 홀트가 전쟁으로 인해 고통 속에 있는 한국 고아 8명 입양을 시작으로, 한국에 아동들이 지낼 기숙사를 짓고 교회를 세워 복지 재단을 만들었다. 전 재산을 홀트 재단에 바쳤으며 한국의 전쟁고아들에게 새로운 가정을 찾아 주기 위해 헌신했다.

유튜브를 검색하다 한 아이의 일생을 들여다보게 되었다. 홀트 입양 홍보 사진을 보고 열세 살 늦은 나이의 아이를 12월에 입양하겠다는 미국인 양부모 가족을 만났다. 입양 부작용을 줄이기 위해 법적으로 열네 살부터는 입양이 금지였다. 양부모는 청와대에 친필 민원을 넣어 입양 허락을 받아 눈에 밟히는 14살 장애아를 입양하였다. 그 아이는 최대천이란 이름 대신 스티브 모리슨으로 살아가게 되었다.

양부모는 삼 남매의 어린 친자식이 있음에도 세 살 한국인 혼혈아 1명과 최대천을 입양했다. 신앙심이 깊은 미국인 양부모는 자신의 아이와 입양아, 다섯 아이를 차별 없이 따듯하게 키웠다. 아이는 입양 가정의 부모가 부자여서 자신을 입양한 줄 알았는데, 가서 보니 오래된 차에 페인트가 벗겨질 정도로 검소하게 사는 평범한 중산층 가정이라 놀랐다고 한다.

변하지 않는 것은 없다. 아이도 변하기 마련이다. 자라면서 성장 주기에 따른 반항과 갈등 사춘기 질풍노도의 시기를 거치면서 친부모도 견뎌 내야 하는 가슴앓이와 자식들의 성장통의 시간이 있었다. 피와 살이 섞이지 않은 가슴으로 낳은 자식을 품어 기르기란 쉽지 않았을 것이다.

　길거리 소년은 루이 암스트롱을 꿈꾸었다. 공부에 열중하는 스티브 모리슨에게 부모는 은행 대출을 받아 가면서까지 대학 등록금을 지원해 주었고 뒷바라지했다. 대학을 졸업 후 그는 인공위성 우주 학자 수석 연구원이 되었다. 양부모에게 아낌없이 받은 감동적인 사랑을 얘기하며 부모님께 효도하는 아들이 되었고 양부모가 늘 자랑스러워하는 아들로, 가족으로 살았다.

　입양아 실체와 비극을 다룬 오래전 영화 〈수잔 브링크의 아리랑〉 후 입양에 대한 사회적 파장과 충격이 컸었다. 그녀는 2살에 스웨덴에 입양되어 피부색과 속마음이 서로 다른 그곳의 남매와 다툼이 잦아졌다. 그러면서 양어머니와 감정 대립으로 오해와 갈등의 시간이 늘어나고 사춘기에 겪는 정서적 갈등과 정체성 혼란으로 가족 간의 불협화음이 심해진다. 키워 준 은혜를 모른다고 양어머니는 분노한다. 반항하는 딸이 미워지면서 언어폭력은 신체 폭력으로 이어졌고 수잔은 하루하루 견디기 힘들어 손목을 그었지만, 극적으로 살아났다. 그 후 자신을 감당하기 어려워진 그녀는 양부모의 만류에도 급기야 집을 나가게 된다.

　18살에 미혼모가 되었고 남자에게 거듭 배신당하며 고통과 슬픔에 몸부림하며 다시 절망한다. 자신이 버림받는 이유에 대해 마음에 사랑이 없었기 때문이라고 스스로 말한다. 그러면서도 목멘 그리움으로 친부모를 찾아 자신을 버린 이유를 묻고 싶어 한다.

가난했던 60년 그 시절, 해외 입양 가는 모든 아이가 잘 살기를 바랐고 믿었고 기도했을 것이다. 수잔은 46세의 나이에 암으로 세상을 떠나기 전에 말했다. 한국은 잘사는 나라가 되었지만, 여전히 한쪽에선 수출하듯이 많은 아이를 해외로 보낸다고 안타까워했다. 한국 전쟁 이후 65년 동안 가장 많은 아이를 해외로 입양시켰고, 아기 만드는 공장이라는 비난까지 받았다. 한때는 여성 단체에서 입양 반대 운동이 벌어지기도 했다. 입양 후 그들의 삶은 불투명했다. 그들이 자라 고국을 찾지 않으면 그들의 삶은 묻혔다.

입양을 비난하고 반대하는 사람들에게 스티브는 말한다. 그들은 동전의 한 면을 보는 것과 같다. 입양되지 않고 남아 있을 때의 불행을 생각해 보라. 자신의 가정, 거리의 아이, 시설, 입양을 거치면서 모든 어려움을 거쳤기에 입양되지 못하고 불행하게 살 수밖에 없는 삶이 더 불행할 수도 있다고 말한다. 자신의 처지를 생각하면 입양해서 새로운 부모, 가정, 형제, 교육은 행운이고 새로운 기회였다고….

그는 은퇴 후에 고아들에게 새로운 가정을 찾아 주기 위해 홀트 재단 이사가 되었다. 양부모에게 받은 사랑을 보답하려고 위하여 모금 활동과 홍보 활동을 했다. 자신도 세 자녀를 낳아 키우며 한국의 세 살, 열네 살 두 아이를 입양해서 잘 키워 냈다. 어릴 적 살았던 동네 이름과 부모님 이름, 주소를 기억할 수 없어 만나지 못한 동생을 그는 아직도 애타게 찾고 있었다.

한국은 이제 잘사는 나라로 발전했다. 해외의 가난한 아이들과 사람들에게 눈을 돌리고 있다. 많은 기관 단체에서 의료봉사와 여러 가지 필요한 후원을 통한 사랑을 실천하고 있다. 도움받는 나라에서 도움을 주는 나라가 되었지만, 저출산 시대에도 여전히 해외 입양은 계속되고 있다. 부모의 사고와 질병, 미혼모 아이 등 사정상 가정에서 보살핌을 받을 수 없는 경우 시설에서 보살핌을 받다 입양을 가기도 한다.

출생 후 자신의 의지와 상관없이 부모에게서, 조국의 품에서 떠밀려 눈빛과 피부색이 다른 나라 부모에게 안겨 자라면서 정체성의 혼란을 겪고 뛰어넘어야 하는 아이들이다. 조국이 외면한 입양아를 가슴으로 품어 키울 수 있는 양부모의 마음은 어떤 마음일까. 건강한 아이보다 장애아를 받아들이는 그들의 가슴은 어떤 가슴일까.

우리의 사회 현실은 공개 입양을 드물게도 하지만 대부분 입양을 숨기기도 한다. 해외 입양 반대를 위한 목소리는 높지만, 입양아를 보듬지 못한다. 마음은 수용하지만, 현실의 삶은 입양을 외면하고 있다. 내 가족만 바라보는 나로서도 그저 숙연해질 뿐, 양립 현상에 방관자일 뿐이다.

입양은 많은 아이들에게 축복이었지만 일부 아이들에게는 상처가 되기도 했다. 부모가 자녀를 키우지 못하고 다른 곳으로 보내야 한다면 부모의 관점이 아닌 아이의 관점에서 입양이 진행되어야 한다. 가급적 친인척 입양을 확대하고 국내 입양과 아동 보호 체계를 바꿔 우리 아이들이 국내에서 보호받게 해야 한다. 해외 입양은 최후 수단이 되어야 한다는 생각이다. 제2, 제3의 '수잔 브링크'가 생겨나지 않도록 국민의 의식이 변화되기를 기대한다.

누야

 엿장수가 왔다. 찰가닥 철컥, 찰가닥 철컥, "고물, 고물"을 외치며 가위 장단이 삽작을 지나고 흙담을 넘어 동네 한 바퀴를 돌고 있다. 배고팠던 시절, 때만 기다려 먹는 보리밥 한 그릇은 허기를 채우기에 부족했던 아이들이다.
 동화 속 피리 마술이 아이들을 불러 모으듯 엿장수의 가위 치기가 동심을 부른다. 헌 고무신이나 쇠붙이, 쭈그러진 양철이나 고물들이 춤추며 엿판에 모여든다. 처마 밑, 부엌이나 헛간을 뒤져 겨우 찾아낸 물건들이다. 고물이 없으면 엿을 바라보며 군침만 삼켰던 아이들이다.
 풍족한 시절이 아니어서 고물도 늘 있는 것은 아니었다. 헌 옷은 위에서 아래로 형제들이 내려 입고 떨어지면 기워 입었다. 쇠솥이 구멍 나면 땜장이를 불러 납으로 때워 반질반질하도록 썼다. 물건도 귀하던 시절이라 아껴 쓰고 고물도 흔하지 않았다.
 아무리 뒤져도 집 안에는 고물이 없다. 아이들은 잘 안다. 집에 돈도 없고 고물도 없다는 것을. 고물 찾기를 포기하고 엿판을 뚫어지게 바라보는 한 아이가 있었다. 군침은 흐르고 참을 수 없는 단맛의 유혹에 참다가 참다가 갑자기 어른의 주먹만 한 돌멩이 하나를 들고 엿장수에게 다가가 쇳덩이처럼 내밀었다. 엿장수는 돌멩이와 아이를 번갈아 쳐다보았다. 모자란 아이인가. 화를 낼까, 기막혀할까, 불쌍하게 생각했을까, 가위를 치듯 생각도 엿장수 마음일 것이다. 아이의 간절함을 눈빛으로 읽었을까, 잠시 후 엿가락 하나를 다섯 살 아이에게 내밀었다. "누야" 하며, 까까머리가 휘날리도록 달려온다. 마치 골문에 공을 넣고 월드컵 4강 신화 기록을 낸 우리 축구 선수들의 감격 어린 모습이다.

　아이는 개구지고 활발하여 자주 배가 고팠다. 개울에서 미꾸라지 한 마리를 잡아 와서는 기뻐 어쩔 줄을 몰랐다. 찬장 문을 열더니 아침에 먹다 남은 삼삼한 강된장을 꺼내 생미꾸라지를 쿡 찍어 입속에 넣었다. 씹지도 않고 그냥 꿀꺽 삼켰다. 미꾸라지는 소금 뿌려 해감 후 삶아 대 소쿠리에 뼈를 추려 걸러 낸다. 열무나 얼갈이배추를 넣고 끓여 추어탕을 만들어 방앗잎 얹고 산초가루를 뿌려 먹는 것이었다. 살아 있는 미꾸라지가 동생의 뱃속에 들어가 동생의 내장을 갉아 먹으면 다섯 살 동생이 죽고 말 것이라고 믿었다.

　여름철 장마에 빗물이 둑을 넘실거리면 아버지는 족대를 들고 냇가에 나가신다. 산에서 쓸려 오는 빗물은 냇가에 이르면 진한 황토물을 토해 낸다. 물고기는 많이 잡히지만 아슬하게 둑을 넘실거리는 물살에 아버지의 하얀 고무신이 벗겨질까, 자칫 미끄러져 깊은 물살에 휩쓸릴까, 멀찌감치 바라보는 우리는 마음이 조마조마했다. 그렇게 잡아 온 물고기는 매운탕을 끓여 온 가족이 함께 먹었다. 피라미와 숭어는 비늘을 치고 내장을 걷어 내어 초장에 찍어 아버지와 어린 동생만 먹었다.

두 살 아래 남동생은 누나를 늘 자기 동생처럼 데리고 다녔다. 뒷산 자락에 넓은 황토밭이 있었다. 밭 아래 둔덕에는 엉킨 듯이 찔레 덤불이 소복하게 가지를 휘어 서로 껴안고 겨울을 났다. 봄이면 가시덤불에 새순이 돋았다. 4월이면 묵은 가지 사이에서 찔레 순이 길게 자랐다.

일곱 살 누나가 모르는 것을 다섯 살 동생은 알고 있었다. 그곳에 가면 찔레 순이 돋아 있다는 것을…. 둘이 손잡고 올라 보니 가시덤불 여기저기서 죽순처럼 솟은 새순 가지가 눈에 들어왔다. 양껏 분질러서 껍질을 벗기면 배불리 먹을 수 있는 순들이 실바람에 흔들거리고 있다. 둘은 손뼉 치며 환호했다.

찔레나무 덤불 위에 물오른 찔레순은 토실하고 탐스러워 보였다. "누야, 내가 따 주께" 하며 설레발치던 동생이 덤불 가까이 간다. 발뒤꿈치를 들어 키를 높여 가지를 휘어잡는다. 아뿔싸, 경사진 덤불 아래로 발이 미끄러졌다. 윗옷이 가시에 걸리고 맨살이 드러났다. 가슴에서 배꼽 아래까지 두세 줄 선명한 가시 선이 그려지는가 싶더니 어느새 피가 맺혔고 하얀 살 위에 흐른다. 놀라서인지 아파서인지 동생 얼굴이 핏기 없이 노랗게 질렸다. 동생이 어떻게 될까 봐 심장이 쿵쿵하도록 무서웠다. 가시덤불 속에 누워 있는 동생을 울면서 겨우 끄집어냈다. 그렇게 따 온 찔레순, 쌉싸름한 풀을 동생과 나누어 먹으니 달고 맛났다. 매우 아팠을 텐데 누나가 혼이 날까 봐 동생은 엄마에게 이르지 않았다.

막걸리 금주령으로 밀주를 단속하던 시절이 있었다. 막걸리 대신 아버지는 소주를 마셨다. 막걸리를 체에 거르면 술지게미가 생긴다. 지게미는 버리지 않고 사카린을 타서 어른도 아이도 함께 먹었다. 막걸리 맛은 알지만, 소주 맛은 몰랐다. 아버지가 일하시는 틈틈이 지게를 내리고 찬장 문을 여닫으며 소금을 안주 삼아 찍어 마시는 그 소주의 맛은 아마도 꿀맛일 것이라 생각했다.

부모님은 들에 가고 없었다. 동생이 발돋움을 놓고 마루 찬장 안에 있는 소주병을 꺼내 와 같이 먹자며 나를 꼬드겼다. 투명하고 작은 유리잔이 하나다. 동생이 먼저 한 잔 마시고 내게도 주었다. 25도짜리 술은 쓰고 맛이 없었다. 동생이 자꾸 먹으라고 한다. 쓰고 독하지만 먹는 것이니까 마셨다. 안주 없는 술을 주거니 받거니 하다가 어지러워 나는 마당에서 뒹굴었고 동생은 나를 잡아 일으켜 세웠다. 작솟대를 잡고 아무리 일어서려 해도 마당이 뒤집혀 내 이마를 치는 듯했고 자꾸 넘어졌다. 동생은 멀쩡했고 나는 기억을 잃었다. 둘이 대병 소주 반병을 마셨다. 엄마가 맷돌에 쌀을 갈아서 내린 하얀 쌀뜨물을 마시고 이틀 만에 깨어나 제정신이 돌아왔다고 했다.

집에 라디오를 처음 사 온 날이다. 온갖 목소리가 담겨 나오는 요술 상자가 신기하고 궁금했다. 공구 통에서 뭔가를 꺼내 와 라디오 뒷면 작은 합판 같은 것을 떼 내었다. 감긴 코일 선이며 칩을 풀어내고 뜯어내어 사 온 지 이틀밖에 안 된 새 라디오를 분해했다. 그제야 라디오 안에 아무도 없다고 실망한다. 엄마는 쌀 한 말 값이라며 야단을 쳤다. 라디오를 들고 수리점에 갔다. "허허, 고놈 참. 이걸 어떻게 풀 생각을 했지?" 야단 대신, 매 대신 웃으시는 아버지를 이해할 수 없었다.

모험심이 강하고 늘 배고파 허덕이는 그 아이는 철도 코레일 최고의 자리에 올라 올해 퇴직했다. 어린 날의 그때처럼 지금도 곁에서 누야, 누야 부르며 무료한 삶에서 탈출하자며 나를 꼬드긴다.

참새들의 합창

춘삼월 봄비의 흔적이다. 밤사이 허공을 씻어 내리고 땅을 적셔 놓았다. 닭발처럼 까칠했던 겨울나무에 우듬지부터 물기를 먹어 발아래 멈춘 나무뿌리의 맥도 혈관처럼 뛰고 있다.

봄을 안고 출근길을 나선다. 차로 10분 거리지만 천천히 걸으면 한 시간이 넘게 걸린다. 마음의 여유를 갖고 동네를 벗어나 조금 걷는다. 소나무와 벚나무, 철쭉, 댕강나무로 에워싼 도심 속의 수목원이 나타난다.

평화공원이다. 봄의 왈츠가 울려 퍼진다. 라라라, 다라라, 바바바, 바이올린, 비올라의 선율이 날아오른다. 까치는 연미복 차림으로 오케스트라 지휘자로 나섰다. 연두색의 가벼운 옷을 입은 봄의 요정들이 다 같이 손잡고 둥글게 춤추며 노래한다. 참새도 후렴으로 날아오른다. 햇살은 장난스럽게 대지의 몸을 툭툭 건드린다.

실버들 가지에 색을 입힌다. 평화공원과 유엔 기념공원 울타리 사이 개울가에 빼꼼 고개 내민 왕버들이 꽃샘추위에 털모자를 쓰고 봄 인사를 건넨다. 계절마다 뿜어내는 공원의 사계 이야기 중 봄의 소리가 가장 활기차고 분주하다. 차로 달리면 계절의 색만 보이고 걸으면 자연의 온갖 숨소리를 다 들을 수 있다. 봄의 소리와 함께 손풍금 소리가 아련히 들려온다. 그리운 얼굴들이 떠오른다.

내가 다닌 학교는 남녀공학 신설 중학교였다. 한 학기 동안 수업 전 아침마다 대야를 들고 운동장에서 돌을 골라내야 했다. 1학년 때는 과학 선생님이 음악 시간을 대신했다. 2학년 신학기에 음악 선생님이 오셨다. 음악실이 없어 무거운 풍금을 1층에서 2층으로 옮겨 가며 음악 수업을 받았다.

배필순, 별명은 칠면조라고 칠판에 자신을 소개하였다. "아-에-이-오-우" 발성 연습을 한 뒤 한 소절씩 노래를 따라 부르게 했다. 그날 배운 첫 곡이 〈나물 캐는 처녀〉였다. 시적인 가사에 대한 설명과 작사·작곡자의 삶이나 배경 등 그 곡을 음미하며 감정을 담아 부를 수 있게 했다.

수업 시간이면 모든 선생님은 출석부와 매를 들고 교실로 들어오신다. 그때는 그랬다. 버스도 없는 20리 산길을 대부분 걸어 다녔다. 이른 아침, 농사일 거들다 제대로 씻지도 못한 채 가방만 들고 뛰어온 남학생들이 많았다. 지각하여 벌을 서기도 했고 위생 상태와 복장이 불량하면 얻어맞기 일쑤였다. 매와 출석부는 칠판이나 교탁을 탁탁 치는 죽비가 되기도 했다. 음악 선생님만 매가 없었고 출석부를 가슴에 껴안고 늘 화사한 미소를 머금은 채 교실로 들어오셨다. 음악 시간만큼은 긴장하지 않아도 되었다.

투박한 시골 아이들에게 노래와 시와 이야기로 음악 시간은 재미가 있었다. 다들 음악 시간을 좋아하고 기다렸다. 가곡을 많이 배웠다. 목련이 흐드러지게 피는 계절이 오면 박목월 시에 김순애 곡을 붙인 〈사월의 노래〉는 잊을 수가 없다. 이 곡은 이국 유학 생활의 외로움과 그리움, 애절함을 담아 불러야 한다고 했다. 목련이 필 때면 나는 곡을 만든 주인공처럼 마냥 허밍으로 〈사월의 노래〉를 즐겨 부르며 그 시절 단발머리였던 친구들과 음악 선생님을 추억하기도 한다.

〈사월의 노래〉 수업 후 김순애 곡을 상상하며 한 줄이라도 좋으니 편지를 쓰듯 시를 한 편씩 적어 내라고 하였다. 창밖을 내다보면서 주워 담아 보라고 하였다. 나는 난감했다. 시를 써 본 기억이 없다. 아무리 끙끙거려도 제시간에 적어 내지 못하고 쉬는 시간에 겨우 뭔가를 적어 교무실 선생님께 제출했다. 마음에 와닿지 않는 그날의 낯선 시와의 첫 대면은 오답을 적어 낸 시험지와 같았다. 그러면서 시가 궁금해지기 시작했고 훗날 시집을 모으는 취미를 가지게 되었다.

해마다 10월이면 고향 진주에는 개천 예술제가 열린다. 70여 년의 전통으로 가장 오래된 지역 축제이다. 지금은 남강의 유등 축제로 더 유명하다. 우리 학교에서는 합창 경연 대회에 나간다며 2학년 두 학급 120명을 대상으로 30명을 뽑는 오디션이 있었다. 지정곡은 〈나물 캐는 처녀〉다. 무반주로 한 소절씩 불렀다. 나와 내 짝이 나란히 함께 뽑혔다. 둘은 너무 기뻐 손을 잡고 흔들어 댔다. 합격한 친구들은 소속 반과 이름이 소프라노, 알토, 테너 세 파트로 나뉘어 선생님 수첩에 나뉘어 적혔다.

수업이 끝난 뒤 대회 연습을 위해 영광의 얼굴들이 모였다. 오디션에 탈락한 민옥이가 합창단에 몰래 끼어들었다. 나와 내 짝의 동공이 커졌다. 눈이 마주치자 선생님에게 이를까 봐 쉿 하며 두 손을 모아 비볐다. 우린 놀랐고 음악 선생님 눈치를 살폈다. 눈이 큰 아이, 명단에 없는 걸걸한 탁음의 목소리를 가진 친구를 선생님은 과연 모르실까.

내 짝과 나는 소프라노 파트다. 민옥이는 알토에 줄을 섰다. 합창대회를 위해 수업 후에 두 시간씩 연습했다. 합창은 나만의 목소리가 아닌 여럿의 목소리가 하모니를 이루어지도록 모으고 다듬어야 한다. 연습곡은 〈제비〉와 〈몽금포타령〉이다. 선생님의 예민한 감성은 몇 번이나 고개를 갸우뚱하게 했다. 불협화음 알토를 예의 주시하며 풍금 소리가 여러 번 멈추었다. 선생님의 한숨 소리가 길게 이어졌다. 그때마다 우린 민옥이를 응시했다. 마음이 콩닥거렸다. 선생님은 우리의 불안과 민옥이의 더 큰 불안을 알아채신 듯했다.

민옥이는 장녀로 집안의 일꾼이었다. 학교 오기 전 이른 아침에 부모님과 함께 참외밭의 커다란 비닐하우스 속의 작은 비닐하우스를 걸어야 하고 방과 후에는 쇠꼴을 베어야 하고 집안일과 동생들도 돌봐야 하는데 합창하는 동안에는 모든 일을 안 해도 된다는 것이었다. 친구들이 너무 부러워 숨어들었다고 했다. 선생님은 합창단 명단에 없는 민옥이를 내치지 않고 함께 연습하도록 하였다. 가끔 기쁨에 고조된 민옥이의 걸걸한 목소리가 튀어나올 때가 있었다. 그럴 때면 선생님은 눈빛으로 손짓으로 강약 사인을 보냈다.

처음 서 보는 무대다. 3개월의 연습으로 우린 진주여고 합창대회에 참가했다. 넓은 강당 무대에 선 까까머리 단발머리 촌티 나는 아이들은 표정이 굳어지고 긴장하여 많이 떨었다. 많은 인원으로 구성된 도시 아이들 화음은 시골 참새들의 합창 소리와는 분명 달랐다.

음악 선생님의 지휘봉은 기죽지 않고 당당하였다. 온몸으로 우리 앞에서 지휘하였다. 그날의 합창은 시골 아이들을 위한 꿈의 무대였다. 더 높이 더 멀리 날 수 있다는 메아리처럼 경험으로 희망을 열어 주기 위한 합창이었다.

출근길에 마주한 풀꽃에서 손풍금 소리와 함께 참새들의 합창 소리가 힘차게 날아오른다.

지리산

지리산 천왕봉, 마음에만 품었던 산이다. 살아생전 한번 다녀오자는 친구 제안이다. 평소 산을 잘 몰랐기에 시간, 장비의 준비도 없이 가벼운 출발을 했다. 가을 단풍을 보기 위해 앞서는 마음을 따라나섰다.

산청군 근처 시골집에서 일박하고 느긋한 출발이다. 중산리에 도착했고 10시에 본격적인 산행이 시작되었다. 산꾼이 아닌 우리는 물든 가을 산을 만나기 초입부터 황홀했다. 눈부신 하늘과 바위틈에서 웃고 있는 쑥부쟁이만으로도 가을을 가득 안아 본 듯 행복했다.

닥나무의 뽀얀 나뭇결에 반하고, 고사목 구상나무 의연함에도 반했다. 높이 오를수록 짙어만 가는 고운 단풍에 연신 감탄했다. 곳곳의 모습을 사진 속에 담기 여념이 없었다. 걸음이 더디었고 시간을 버리며 신선놀음하듯이 산에 올랐다.

삼대가 덕을 쌓아야 열린다는 천왕봉 하늘이 맑게 열리고 있다. 너럭바위가 보이면 쉬고, 가파른 길이면 숨이 차서 쉬고, 남들이 간식을 먹으면 따라서 먹고 또 쉬었다. 곳곳의 팻말이 보이거나 하늘 문이 보이면 자세히 살핀다고 걸음이 느렸다. 여기저기서 불타는 단풍의 유혹에 더딘 거북이걸음이다. 산에 오르는 시간보다 쉬는 시간이 더 많았다.

 중간 지점에 올랐을 때 벌써 하산하는 사람이 많았다. 몇 시에 출발했는지 물어보니 대부분 근처에서 일박하고 어두워지기 전에 내려와야 하기에 새벽에 출발했다고 한다. 산은 오를 때보다, 내려올 때가 더 힘들다고 한다. 그 때문에 철저한 준비와 계획된 시간이 필요하다고 일러 준다. 야무진 산행을 하는 산 전문가들이다.

 한 친구는 잘 걷지 못해 걸음이 더디고, 한 친구는 지리산에 감탄하여 걸음이 더디고 한 친구는 두 친구와의 보조를 맞춘다고 함께 더딘 산행이다. 행보에 맞추어 세 곳의 쉼터 외에도 쉬엄쉬엄 쉬어 가며 산을 올랐다. 정상을 앞둔 지점에 급경사를 오를 때는 다리가 후들거렸다. 중산리 야영장에서 출발하여 칼바위, 망바위, 법계사, 로터리 대피소, 개천문을 통과하여 5시에 천왕봉 정상에 도착했다.

 감동이다. 지리산, 금강산, 한라산과 더불어 삼신산의 하나다. 천구백 미터의 높은 산, 한국의 명산에 올랐다. 늦가을 나이에 오른 산이라 감동이 더하다. 바람이 이마에 맺힌 땀을 씻어 준다. 정상에 지리산이라 새겨진 바위를 세워 놓았다. 하늘 아래 우뚝 서서 발아래 내려보니 신선도 아니 부럽다.

운해다. 고요의 평온은 무상무념의 세계에 빠져든다. 정상에 펼쳐진 구름바다는 경이롭고 신비하다. 늘 올려다본 구름이 발아래 평원에 둥근 띠를 이루며 펼쳐져 있다. 천왕봉은 주위의 아홉 굽이의 산들을 애호하고 엄호하듯 푸른빛 감도는 안개 너울을 쓰고 펼쳐진 병풍처럼 산을 포개고 또 포개어 있다. 천왕봉이 새겨진 정상에서 깃발이나 현수막을 펼치며 기념하는 사람들, 갖가지 포스로 바위와 표지석에서 최고봉에 도달한 증거를 사진으로 남기고 있다.

정상에서 한 시간을 머물렀다. 이제는 하산해야 한다. 산을 오를 때마다 뒤돌아보면 아름다운 경치와 자연의 소리는 발걸음을 더디게 한다. 내려갈 때를 생각지 않아서일 것이다. 보통 왕복 9시간의 산행 시간이 우리 일행에겐 11시간이나 걸렸다. 하산길이 힘들었다. 아래로 쏠리는 배낭과 몸무게로 헛디딘 발이 미끄러지면 큰 부상으로 이어질 것도 같았다. 여러 번의 위기를 넘기고 내려오는 도중에 어둠이 내렸다. 핸드폰 플래시로 길을 밝히며 비탈길을 어둠을 가르며 내려왔다. 좀 더 일찍 출발할 걸 하는 후회의 마음이다. 보조를 맞추기 힘든 한 사람으로 인하여 예상보다 늦었기 때문이다.

먼저 하산한 어느 분이 탐방 안전 센터에 하산이 늦은 우리 일행을 신고해 주었다. 더러 야간 산행자가 있었지만 하산 어느 지점에서 모두 우리를 앞서갔다. 우리 일행 중 한 사람을 도와주기 위해 자원봉사 안전요원 두 사람이 올라왔다. 힘든 한 사람과 일행을 쉼터에 잠시 쉬게 하고 지친 다리에 스프레이 파스를 뿌려 주었다. 무거운 무릎이 한결 가벼웠다. 야간 산행 시에는 반드시 플래시를 들고 다니란다. 핸드폰이 꺼지면 연락 두절로 산속에서 위험에 빠질 수 있다며, 한 시간 동안 도움받으며 안전하게 하산했다. 뜻밖의 도움에 참으로 감사했다.

사실 산학 자원봉사자 안전요원이 오기 전에는 등 뒤에서 식은땀이 나고 오싹했다. 앞장서든 뒤에 서든 불빛 없는 산행은 무서운 공포였다. 폰의 배터리 줄은 곧 꺼질 듯이 가늘어졌다. 산짐승이 등 뒤에서 갑자기 튀어나올 것 같은 두려움이 엄습해 오기도 했다.

산행에 걸리는 시간을 계산하지 못하고 우린 무작정 산에 올랐다. 마음만으로 산에 오른 것이다. 오를 때의 마음보다 내려올 때를 염두에 두지 않은 산행으로 식겁했다. 걸음이 맞지 않는 친구와 준비 없는 산행은 다시는 하지 않을 것이란 다짐과 함께였다. 우리의 삶도 계획 없이 살아간다면 실수와 실패를 하기 쉬울 것이다. 정상에 오를 때는 반드시 내려올 때를 알아야 하는 교훈을 깊이 얻었다.

쓰레기 더미에서 만난 영웅

　재활용품을 버리는 날이다. 비닐, 공병, 플라스틱, 종이 상자가 아파트 앞뜰에 나날이 쌓여 수요일이면 모은 것을 버린다. 종류별로 분류가 되어 커다란 마대에 담는다. 몸피가 크고 양이 많은 포장지 등은 자루에 담지 않고 따로 정리한다.

　설 명절이 지났다. 평소의 누런색 종이보다 속을 비운 형형색색 크고 작은 종이 상자들이 높이 쌓여 있다. 그 곁에 두 꾸러미 책이 가지런히 키를 세우고 있다. 출근길에 발목을 잡는 것은 《아름다운 영웅 김영옥》이란 제목을 단 책이다. 백발의 한 노인이 표지에서 안경 너머로 나를 바라보고 있다. 궁금증에 그 책을 손에 쥐었다.

　영웅의 사전적 의미는 지혜와 재능이 뛰어나고 용맹하여 보통 사람이 하기 어려운 일을 해내는 사람이다. '구국 영웅' 하면 이순신 장군이 떠오르고, '독립운동가' 하면 안창호 선생이 먼저 떠오른다. 전쟁과 독립운동으로 위기에 처한 나라를 구한 의인으로서 영웅이기 때문이다.

　나라를 잃으면서 일제에 항거하며 많은 사람이 독립운동을 하였다. 국내에서의 활동에 한계를 느낀 애국지사는 해외로 망명하기도 하였다. 역사에서 배우듯 상해 임시정부에 협력하거나 중국, 러시아, 미국 등지에서 나라를 찾기 위해 주력했던 많은 애국지사는 3.1절 기념일을 통해서 기억하고 되새기며 교훈을 삼는다.

　지구촌 곳곳에 일어나는 불협화음은 약자와 약소국가에 가혹한 현실의 역사가 된다. 이스라엘과 팔레스타인 분쟁이 끝이 없다. 러시아 우크라이나 전쟁의 참상을 바라보며 우리나라를 다시 바라본다. 분단된 조국이지만 건재하게 서 있는 이 나라 대한민국이 새삼 위대하고 크게 다가온다.

　책 속의 김영옥은 일찍이 일제 강점을 피해 도미한 망명자의 아들로 태어나 인종 차별을 받으면서도 2차 대전의 영웅이 되고 한국 전쟁의 신화가 되었던 인물이었다. 김영옥은 늘 아버지를 원망했다. 아버지는 교회에서 친구들과 어울려 다니며 돈만 쓰고, 가족의 생계는 어머니의 몫이었다. 어느 날, 어머니는 반항하는 아들에게 "아버지는 몰래 독립운동을 하고 계신단다. 아버지는 너희들에게 당장은 소홀하실지 몰라. 하지만 조국을 되찾기 위해 큰일을 하고 계신 거야. 교회에서 주로 모임을 하고 있단다. 그러니 아버지를 미워해서는 안 돼. 아버지는 독립을 위해 미국행을 결심한 거야" 하셨다.

간절히 독립을 보고 싶어 하던 아버지는 소원을 이루지 못한 채 미국에서 병으로 세상을 떠났다. 그의 아들은 이민 간 한인 교포 2세다. 성인이 되어 군에 자원입대하려 했지만, 아시아계 인종 차별로 거절당한다. 법이 바뀌어 육군에 입대 후 세계 제2차 대전의 프랑스에서 독일군과 맞서 싸우는 군인이 되었다. 전장에서 동료와 부하들의 죽음으로 마음에 상처를 입고 몸에 입은 부상으로 만신창이가 되기도 하지만 용감한 투지를 발휘하여 작전지휘관으로 여러 위기를 넘기며 뛰어난 군인이 되어 전쟁 영웅이 되었다.

독일군의 폴란드 침공으로 시작된 5년 8개월의 세계 대전은 독일군의 항복으로 끝났다. 많은 인명 피해를 낸 역사상 가장 끔찍한 전쟁이 끝나고 각 나라의 대표들이 샌프란시스코에 모여 국제 연합을 결성하고 세계 평화를 약속하였다. 현실에서는 냉전 시대로 자유와 공산 진영의 대립으로 정치와 경제에서 숨은 전쟁이 계속된다.

김영옥은 뉴스에서 아버지의 나라 한국에서 6.25 전쟁이 일어났다는 소식을 듣게 된다. 그 길로 육군에 재입대 지원서를 냈다. "가면 죽을 수도 있어" 하는 친구의 만류에도 전쟁이 시작된 지 3개월째, 한국인 2세로 아버지의 나라에 왔다. 2차 대전 경험으로 최전방을 지원하여 작전지휘를 한다. 미국 국적의 한국인이란 이유로 반발과 무시를 당하며 갈등을 겪는다. 지휘관으로 세 번이나 삼팔선을 넘나들었다. 인천상륙작전으로 북진, 중

공군 개입으로 후퇴, 다시 수복 등, 그러면서 포탄에 맞아 다리가 절단 위기를 당해 후송되기도 했다. 두 달 입원 치료 후 미국으로 귀국하지 않고 전쟁터로 다시 나갔다. 아버지의 나라 조국을 위기에서 구하기 위함이었다.

눈 덮인 부산역에는 새로 도착한 미군이 지날 때마다 다섯 살에서 열 살 정도의 아이들이 몰려들어 "기브 미 초콜릿"을 외쳤다. 혹독한 추위에 옷이라곤 반팔 티셔츠만 걸치고 하나같이 빼빼 말라 있는 아이들이다. 눈밭에서 깡통을 쥐고 있는 굶주린 거리의 아이들을 보며 그는 많은 눈물을 흘렸다고 한다. 미국에 연락하여 헌 옷가지와 구호 물품, 모금 활동을 벌였다. 군인의 신분으로 거리의 전쟁고아들 500명을 모아 돌보기 시작하였다.

한국 전쟁으로 입은 중상과 이로 인한 후유증으로 김영옥은 큰 수술만 40번 정도를 받았다. 척추 두 곳을 포함해 온몸의 11군데나 신경이 절단돼 한쪽 다리를 절며 살았고 통증은 한계에 다다를 정도로 극심했다. 진통제 없이 살 수 없었지만, 강한 의지로 자신을 다시 세웠다. 어느 정도 정상인으로 몸이 회복되자 사회봉사 활동을 시작한다. '만일 내가 전쟁에서 살아남는다면 사회에 봉사하면서 세상을 더욱 나은 곳으로 만드는 일에 평생을 바칠 것이다.' 자신과 했던 약속을 지키며 살았다.

그는 1972년 전역 후에도 소외 계층을 위한 삶을 살았다. 한인 정보 센터와 가정폭력 피해자, 위안부 피해자, 한인 입양아 단체 등을 만들었다. 단체는 모든 인종의 빈민들에게 혜택을 주면서 세계보건기구로 발전하기도 했다. 고아, 입양아, 빈민, 청소년, 노인, 장애인, 고통받는 여성 등을 위해 많은 일을 하였다. 혼자서 할 수 없는 일이었다며 자신의 봉사를 다른 사람들의 공을 돌리는 겸손한 삶을 살았다.

그는 전쟁 영웅이고, 봉사 영웅이다. 우리나라 초등학교 5학년 교과서에 그의 삶이 수록되었다. 미국 로스앤젤레스에 김영옥 대령의 이름을 가진 중학교도 생겼다. 출근길 쓰레기 더미에서 나는 그 영웅을 만난 것이다. 책장을 넘길 때마다 그의 생애를 더 깊이, 더 가까이 만날 수 있었다.

마지막 페이지에 이렇게 기록되었다. 김영옥은 용맹하고 비상한 군인으로 31년을, 사회봉사자로 헌신하며 33년을 살았다. 군복을 입었을 때는 세상을 지키는 방패가 되었고, 군복을 벗었을 때는 세상을 밝히는 촛불이 되었다. 김영옥은 2005년 12월 29일 로스앤젤레스에서 영면하여 역사 속으로 돌아갔다.

침략, 전쟁과 가난, 역사의 소용돌이 속에서 조국을 지키기 위해 희생한 사람들이 많다. 알려진 영웅도 많겠지만, 역사 속에 묻힌 채 사라진 숨은 영웅들이 더 많을 것이다. 피 흘리며 투쟁하고 지켜 낸 소중한 나라다. 과거의 아픈 역사를 기억하고 잊지 말아야 한다. 조국과 나를 분리할 수 없다. 지금 누리는 이 행복은 내가 쌓은 노력의 결과가 아니다. 드러난 영웅뿐만 아니라 드러나지 않게 조국을 지킨 무명의 영웅들이 있었기에 대한민국이라는 땅이 건재하게 존재하는 것이다.

2부
부용꽃 지다

수군포

인생 2막 스케치

그녀와 나

바리데기

부용꽃 지다

생의 첫 선물

만화방초(萬化芳草)

A와 D의 틈새

황혼에 책방을 개업하다

수군포

　수문이 열린다. 모내기를 위한 논갈이가 시작되고 잠자던 논들이 깨어난다. 흙이 물을 만나 부드럽게 달여지면 논의 자궁이 열린다. 개구리 떼창 소리가 높아지고 길어진다. 생명수인 양수가 볍씨를 품어 생명을 잉태시키고 줄지어 선 어린 모종을 살갑게 보듬어 안는다.

　흙을 불려 쟁기로 갈아엎고 서리로 달여 소의 느린 걸음으로 모를 이양하려면 꼬박 며칠이 걸린다. 논두렁을 바르고 물을 가두어 소를 앞세워 논갈이하던 시절은 〈워낭소리〉 영화 속으로 사라졌다. 꼬불꼬불하던 논들이 농지정리로 반듯해졌다. 장마철이면 물이 범람하여 자주 터지던 논둑은 넓어지고 높아졌다. 이제는 트랙터로 논갈이하고 이양기로 모를 심는다. 기계문명의 놀라운 효율이다.

　가뭄이 들면 도랑물이 낮아지고 수문은 높아 논들은 목이 마른다. 아버지는 삽으로 논머리에 물꼬를 트기 위한 혈관을 만든다.

둑에 지지대가 세워지고 긴 나무에 매달린 양철 두레박에 물을 실어 힘겹게 둑을 넘긴다. 아버지의 삼베옷이 땀에 흠뻑 젖을라치면 논들은 목을 축이고 생기를 되찾는다. 햇살과 바람이 모여들고 나락은 자잘한 꽃주머니 속을 채우며 여물어 간다.

물 빠진 도랑에서 여자아이들은 우렁이와 다슬기를 주워 담고 손 빠른 남자아이들은 미꾸라지와 물방개를 잽싸게 잡아낸다. 어른들은 가뭄으로 속이 타는 날이지만 자박자박 발목까지 닿는 물에서 아이들은 신나게 찬거리를 건져 낸다. 진흙 뭉치를 안고 너럭바위 돌다리를 하나씩 차지하는 아이들은 저마다 돌의 성주가 된다. 어린 손놀림은 훗날 견고한 자기 삶을 빚는 도공이 되었다.

여든 중반부터 엄마의 기억 회로는 깜빡거렸고 몸은 쇠약해져 갔다. 밭일하다 넘어져 가슴뼈가 골절되면서 더 이상 밭농사를 지을 수 없어 막내딸은 엄마를 요양병원에 입원시켰다. 밭에 있다는 아버지의 수군포를 헛간에 들여다 놓아야 한다고 자주 되뇌었지만, 입원 후 엄마가 텃밭에 갈 수 없는 몸이 되면서부터 오랜 시간 밭에 그 삽을 잊고 있었다.

아버지의 산소 길 초입인 엄마의 텃밭에 매실나무를 심었다. 벌초하러 가는 조카들에게 엄마의 향기로 남아 있을 매화 향은 아버지에게 보낸 엄마의 마지막 기별이었다. 나무는 심어만 놓고 오랜 시간 돌보지 않아 키만 웃자랐다. 전지가위로 손질하기에는 돋아난 가시와 가지가 너무 굵어져 있어 사다리 없이 톱으로 잘라 내기에도 난감했다.

매실나무에 등을 기댄 녹슨 수군포 한 자루가 눈에 들어온다. 용광로만 무쇠를 녹이는 줄 알았다. 무심한 세월도 무쇠를 녹여 삭인다. 삽의 표면에 검버섯 꽃이 피었다. 삽자루는 튼살처럼 갈라지고 검게 그을려 있다. 삽작을 나설 때면 늘 아버지 어깨 위에 얹혀 있던 삽이다. 나무에 등을 기대고 아버지가 쉬고 있다.

　농촌에 새마을 운동 바람이 불고 정부에서는 식량 증산을 위해 다수확 통일벼를 권장했다. 첫해는 정부의 시책을 따랐지만, 다음 해에는 동네 사람들 대부분이 일반 벼를 심었다. 모는 병충해에도 약했으며 볏짚은 푸석하여 잘 썩었고 소여물로도 부실했다.

　군청 산림계 직원이 일반 볍씨를 뿌려 놓은 아버지의 일 년 농사 못자리를 장화 발로 짓이겨 놓고 갔다. 정부 시책에 따르지 않았다는 이유다. 아침저녁으로 아버지는 삽으로 못자리 물꼬를 막았다 열었다 하며 자라는 어린 모판에 공을 들이고 있었다. 어린 마음에 동네 사람들의 분노와 그 대립처럼 아버지의 삽이 화의 무기로 이어질까 불안하고 무서웠다. 하지만 아버지는 수군포를 돌려 가며 초연한 모습으로 망가진 못자리를 어루만지고 다시 볍씨를 뿌렸다. 통일벼 다수확으로 가난을 벗어나고 다 함께 잘살게 하려는 나라의 정책을 마음으로 받아들이고 있었음인지도 모를 일이다.

　삽은 땅을 파고 흙을 퍼내는 데 사용하는 농기구다. 논밭에서, 산에서, 마구간에서 삽은 늘 아버지의 손을 떠난 적이 없었다. 손잡이 나무 자루에다 타원형의 쇠로 만들어진 농기구다. 굴삭기,

포클레인이 없던 시절 괭이와 삽은 시골의 대표 농기구였다. 우리 동네에서는 곡괭이는 깨이, 삽은 수군포라 불렀다.

할아버지는 8남매 중 막내였던 아버지만 유일하게 한학 공부를 시켰다. 아버지는 옷이 달리는 자전거 바퀴에 휘감기지 않도록 허리춤에 끈으로 두루마기를 단단히 동여매고 출근길 자전거 페달을 힘차게 밟았었다. 자전거가 꼬불꼬불한 산길로 사라질 때까지 엄마는 엷은 미소로 아버지를 배웅했다. 빛바랜 사진 속 아버지는 중절모 양복 차림의 멋쟁이 면사무소 직원이었다.

집성촌에서 장남 장손에 대한 기대와 예우는 대단했다. 집안에서 큰아버지의 장남인 사촌 오빠를 아버지 자리에 대신 앉게 했다. 사촌 오빠는 허울 좋은 면서기가 되었지만, 호적계 한문 문서를 읽어 내지 못했다. 아버지를 밀쳐 내고 앉은 자리를 사촌 오빠는 결국 지키지 못했고 조카 때문에 손에 쥐었던 붓 대신 아버지는 어깨에 수군포를 얹어야 했다.

아버지와 삶을 함께한 수군포는 엄마의 한이기도 했다. 글을 배웠지만 꺾여 버린 아버지의 붓을 엄마는 늘 안타까워했다. 아버지는 나이 많은 형님들을 부모 대하듯 늘 깍듯이 했다. 시집간 두 고모는 여러 큰아버지보다 아버지를 더 살갑게 챙겼고 따랐다. 남을 원망하거나 아내나 자식에게 타박을 주거나 큰소리 한번 없었던 아버지였다.

중학교 입학 후 학교에서 돌아와 보니 아끼던 아버지의 앉은뱅이책상에 다리를 만들어 책상을 세워 놓았다. 새로 산 의자와 함께 아버지의 온화한 미소는 나를 비추고 있었다. 막내딸은 세 명의 언니처럼 공장에 보내고 싶지 않은 아버지의 마음이었다. 12월생인 나는 잘하는 게 없이 모든 게 부실했다. 소화기 장애로 창백한 얼굴로 몸은 늘 허약했고 행동은 굼떴다. 공부는 더더욱 잘하지 못했다. 그런데도 아버지는 육성회장으로 학교에 오셨다. 성적표가 부진해도 꾸지람은 없었다.

 부실하기만 한 딸이 졸업 후 취업하자 아버지는 무척 대견스러워했다. 마치 아버지가 면사무소에 복직한 것처럼 좋아했다. 그토록 과묵하던 아버지가 어깨 힘주고 동네 사람들에게 막내딸이 사무원에게 취직했다며 자식 자랑하는 것을 나는 그때 처음 보았다. 죽음을 앞둔 사람에게 고독만큼 무서운 것은 없다고 했다. 입원 수술비로 자식들에게 누가 될까 봐 중병을 침묵한 아버지였다. 죽어 가는 아버지를 너무 외롭게 보낸 것이다. 자식으로서 효도라는 걸 해 본 기억이 없다. 처음 마주한 죽음의 충격과 효도 못 한 죄책감으로 나는 괴로워했다. 아버지를 차마 떠나보내지 못했다. 이별의 시간이 길었다.

 소리에 놀라지 않는 사자처럼
 그물에 걸리지 않는 바람처럼
 진흙에 더러워지지 않는 연꽃처럼
 무소의 뿔처럼 혼자서 가라

생전의 아버지는 경전 한 구절을 마음에 품고 사셨던 걸까, 생로병사, 집착, 인연의 고리는 내가 헤어나지 못하는 삶의 그물이었다. 아버지는 소리에도, 그물에도, 진흙에도, 자유로운 분이었다. 아버지의 인생같이 녹슨 수군포 하나, 바람벽에 외로이 서 있다. 나는 삶에 초연했던 아버지의 모습을 닮아 가고 싶다. 그물에 걸리지 않는 바람처럼.

인생 2막 스케치

　3박 4일 일정이다. 은퇴한 도시인들의 귀촌 체험에 참여하기로 했다. 남해 고속도로를 타고 출발 전남 곡성군으로 내달렸다. 죽곡 마을 가까이 갈수록 소나무 숲들이 짙어진다.

　오후 1시에 부산을 출발 4시에 강빛마을에 도착했다. 숙소는 달빛동 14호, 시의 제목같이 정겨운 이름표를 달고 일행을 반겨 준다. 건물은 유럽식 파스텔 색조에 붉은색 기와를 가미한 이층 집이다. 구름과 하늘, 소나무 숲이 넓은 통유리 화폭 속에 선명하게 담긴다.

　은퇴 후의 삶이 시골일지 도시가 될지 지금껏 진지하게 생각해 보지 않았다. 그저 막연하게 주어진 삶에 충실했을 뿐이다. 귀농 체험의 궁금증이 나를 들뜨게 했다. 노후의 삶의 방향은 스케치만 할 뿐 아직 붓을 들어 색을 입히지 못했다.

　단체 모임까지는 아직 한 시간이 남았다. 은퇴자 마을의 개인 정원을 둘러보기로 했다. 우리나라 최대, 최초 은퇴자들의 마을로 조성한 109동의 쌍둥이 건물이다. 한 동만이 집주인의 개성으로 붉은색과 다름을 주장하여 하얀색 옷을 입었다.

정원은 취향과 꾸밈에 따라 다른 느낌들이다. 잔디 위에 돌다리 포인트 정원, 과실수 꽃나무를 조화롭게 심은 정원, 꽃과 채소를 반반씩 심은 정원, 마당에 텃밭을 일구려다 풀들에게 지배당한 정원, 테라스를 만들어 다육식물로 멋을 낸 정원, 작은 연못과 소품 테이블로 동화 속 그림 같은 정원도 있다. 얼굴을 마주하지 않아도 집주인의 성격과 성향을 미뤄 짐작할 만하다.

전국에서 모인 지원자는 20명이다. 단체 모임이 시작되었다. 숙소 배정과 저녁 식사 후 회관에 모여 자기소개와 소감 발표를 했다. 노후는 어디서 어떻게 무엇을 하며 지낼 것인지 아직 구체적으로 생각해 보거나 계획을 세우지 않았기에 참여자들의 노후 계획과 방문의 목적을 귀담아들었다. 주민대표의 귀촌 이야기와 강의를 듣고 입소 첫날 일정이 저물었다.

둘째 날은 아침 산책으로 시작했다. 촌장님의 안내로 마을 길 여기저기를 둘러본다. 주거동과 펜션 동, 식당, 카페, 공동 텃밭을 구경했다. 마을의 유래와 마을 뒤 멀리 보이는 지리산의 전설을 들었다. 1시간 강의가 짧게 느껴졌던 입주민 예술가의 미디어 강의를 들었다. 단순한 귀촌 생활보다 예술의 옷을 하나 더 겹쳐 입을 수 있는 매력적인 여유로움이 느껴진다.

강의 후 주제가 다른 네 개 동의 갤러리 하우스를 구경했다. 예술과의 협업을 통해 주거 공간이 갤러리 하우스로 탈바꿈했다.

마을의 브랜드를 높이고 개인 취미 생활을 전원생활 속에 스며들게 하는 그곳의 이미지를 방문자를 통하여 알리고 있다.

 오후에는 농작물을 수확하고 체험하는 요리 실습이다. 농사지은 고구마, 땅콩을 삶고, 깻잎을 따서 한 장씩 양념으로 버무린다. 너무 꼼꼼히 바르다 보니 그 많던 양념은 바닥나고 깻잎은 절반이나 남았다. 모두 웃는다. 수습해야 했다. 강한 양념으로 깻잎이 이내 숨죽어 버린다. 절반 남은 깻잎을 양념한 깻잎 중간 사이사이에 끼워 넣으니 감쪽같다. 부추전이 익어 가고 막걸리 잔 속에 마음을 빠트린다. 서먹한 도시의 삭막한 마음들이 귀촌을 꿈꾸는 정겨운 이웃으로 마주한다.

 저녁 식사 후 카페에서 엘피판으로 음악 감상을 하며 압화 꽃 엽서를 만들었다. 마을에서 피워 낸 여러 가지 아기자기한 예쁜 꽃잎들이 하얀 종이 위에 모였다. 부서질 듯 조심스럽고 세밀한 작업을 요구하는 마른풀 꽃잎이다. 집게로 조심스럽게 옮긴다. 대부분 나이 든 참가자들의 무딘 손들이지만 정성을 다해 만든 스스로의 작품에 감동한다.

 셋째 날 아침에는 동네를 벗어나는 산책이다. 출렁다리를 건넌다. 물고기 모양의 아치다. 다리 입구는 꼬리, 반대쪽은 머리 형상이다. 출렁다리 위에서 바라본 보성강은 산을 비추어 데칼코마니 수채화 한 폭이 물속에 잠겨 있다. 대황강 둘레길 들꽃이 이슬을 머금고 피어난다. 길가의 잘 익은 밤송이는 터질 듯하고 물안개는 피어올라 산허리에 너울거린다. 숲길 여기저기에서 피톤

치드가 뿜어져 나온다. 온몸으로 힐링하니 머리가 맑아진다. 한 시간의 아침 산책이 끝나고 식사 후 건강한 농촌 생활을 위한 준비 강의와 식용 꽃차 만들기 강의를 듣고 꽃차 시음을 한다. 혀 끝을 감도는 향기와 고운 빛깔에 반한다.

점심 후 시골 버스로 인근 태안사를 향했다. 스치는 길목마다 연잎을 닮은 곡성의 특산물 토란이 너른 밭에 빽빽하게 들어서 있다. 버스에서 내려 산길을 걷는다. 조태일 시문학 기념관이 보인다. 조태일 문학상 시상 및 문학 축전이 열리고 있다. 문화 해설사의 설명과 길게 늘어진 시화전의 여러 작품이 눈길을 끈다. 단체 움직임에 시간이 모자라 남은 시를 찍어 핸드폰에 담았다. 조태일 시인이 궁금하다.

동리 산 계곡물이 천년고찰 태안사 능파각 아래로 흐른다. 지난밤 배워 만든 압화 꽃 엽서로 인생 2막을 준비하는 나에게 편지를 쓴다. 맑은 계곡물에 발을 담근다. 숨은 먼지를 씻어 내린다. 계곡물 에움길 선율 따라 흐르는 자연 속에서 나를 만나고 맑아지는 시간이다. 마지막 밤은 풀벌레 소리 나는 잔디 마당에서 바비큐 파티로 즐겁게 마무리했다.

많은 사람이 은퇴 후 귀농의 낭만을 꿈꾼다. 어쩌면 고생한 부모, 고향에 대한 향수와 그리움 때문일까. 생로병사의 끝자락에 뒤돌아보는 마지막 귀소본능일까. 마을 건물 외곽은 유럽풍이고 실내는 한옥 형태다. 펜션 뒤로 보이는 울창한 소나무 숲과 건물 아래 흐르는 강줄기로 주변 경관은 그림같이 아름답다. 텃밭과 꽃밭을 가꾸는 소소한 일상의 기쁨도 있다. 움직임이 둔해져 몸이 아프거나 운전이 어려울 때를 대비한 편의시설이나 의료시설이 공간 내에 없음이 아쉽다. 60에 귀촌하여 70에는 다시 도시로 돌아와야 하는 이유를 듣기도 한다.

넷째 날은 아침 자유 산책과 식사, 주민들과 소감 나누기를 끝으로 각자 일상으로 돌아간다. 시절 인연에 보금자리를 내어준 고마움으로 뒤돌아 손을 흔든다. 은퇴 후 주어진 삶을 살 것인지 계획하고 살 것인지 자문해 본다. 인생 스케치로 노후 밑그림을 그린 뒤, 붓을 들고 색칠해 본다. 뒤돌아보니 산허리에 안개비가 너울거린다.

그녀와 나

걸음걸이가 부자연스럽다. 몸속 깊숙이 품고 있어야 할 자궁이 제자리를 이탈하여 몸 밖으로 나왔다. 작지만 위대한 생명을 탄생시키는 근원인 자궁이 아슬아슬 위태로워 보인다.

알뜰한 그녀다. 장남과 함께 친척 결혼식 출발을 앞두고 택시 대신 그녀는 버스를 고집했다. 아직 두 정거장이 더 남았건만 예식 시간을 넘기고 있다. 초조해진 마음을 누르며 버스에서 내리니 빨간 신호등이 이면도로 건널목을 가로막고 섰다.

좌우를 살핀다. 신호를 무시하고 바삐 뛰었다. 끼익! 쿵! 자동차 급브레이크 소리가 귀를 찢었다. 눈앞에서 믿기 힘든 일이 순식간에 일어났다. 그녀가 달리던 택시에 부딪힌 것이다. 옥색 한복을 입은 그녀의 몸이 공중으로 솟구치는가 싶더니 아스팔트 도로 위에 던져졌다. 드라마, 영화에서나 일어나는 교통사고 연출 현장이 아들의 눈앞에서 현실이 되었다.

예식장이 아닌, 대학병원 응급수술실이다. 타박상, 골절, 장출

혈로 몸은 만신창이가 되어 산소 호흡기를 꽂고 의식 없이 누워 있다. 대기실에 있던 아들이 급히 수술실로 불려 갔다. 검푸른 간을 보여 주며 의사는 간암 말기라고 한다. 굳어진 간은 손도 대 보지 못하고 수술 부위를 덮을 수밖에 없다는 의사의 설명에 아들의 심장엔 가시가 박혔다.

그녀의 나이 이제 쉰이다. 남은 생은 4개월 정도라고 했다. 교통사고가 아니면 몰랐을 그녀의 간암 말기 상태를 미리 알게 된 것을 불행 중 다행으로 여겨야 할까. 중학교 교사인 장남, 초등학교 교사인 딸, 올봄에 대학생이 된 막내아들 모두가 미혼인 세 명의 자식은 그녀가 모르게 머리를 맞대고 서로 의논했다. 암이라는 사실을 알게 되면 그녀가 삶의 끈을 놓아 버릴까 두려워 교통사고일 뿐 시한부 4개월의 암 선고는 감추기로 했다.

아픈 배를 움켜쥐고 병실에 누워 있는 상황에서도 그녀에겐 아들 장가가는 것이 가장 큰 소원이란다. 사고로 반신불수가 되어 집에 누워 있는 남편 병 수발, 가족들 식사며 집안일 걱정만 한다. 사후에 한이 되지 않게 아들은 그녀의 마지막 소원을 들어 주기로 했다. 이별을 위한 슬픈 서곡, 결혼 행진곡이 이제 시작되었다.

그녀의 외숙모가 나섰다. 아들은 여러 번 선을 보았다. 외숙모는 여기저기 수소문하여 혼기에 찬 아가씨면 무조건 선도 보고 사주도 보았다. 병실에 누운 어머니에게 선을 보였다. 병실에서 며느리 후보를 선보게 하고 사주도 보았다. 시어머니 될 사람이 병실에 누워 며느리 후보를 선보는 진풍경도 계속 이어졌다.

뇌종양 수술로 입원한 옆 환자의 여동생이 주말에 언니 문병을 왔다. 그녀는 바로 옆 침대에 누워 유치원 교사인 여동생을 찬찬히 살폈다. 동생을 처음 본 순간 손톱에 매니큐어 바르지 않은 손이 먼저 눈에 들어온다. 손이 예쁘다며 여동생에게 미소 지으며 말을 걸었다. 차분하던 그녀의 눈빛이 빛나기 시작했다.

옆의 환자 언니를 통하여 여동생의 생년월일 난시 사주가 철학관에 급히 보내졌다. 초년은 고생이지만 아들과 궁합이 좋은 천생연분이고 특히 말년 운이 좋으며 사주에 관운과 천복이 있다고 했다. 여러 번 사주 보러 온 모성이 딱해서 철학관에서 좋은 말만 덤으로 올려 준 듯하다. 사주가 좋다는 말에 그녀는 며느리를 벌써 맞이한 것처럼 기분이 좋았다.

옆 침대 언니는 총각이 키 크고 후한 인상에 직업도 좋고 자신에게 베푼 친절을 보며 마음이 갔다. 부잣집 아들이라는 말이 가장 마음에 들었다. 그녀의 아들과 그 여자의 여동생, 두 사람이 결혼하면 잘 어울릴 것 같았다. 막내 여동생은 자신처럼 가난으로 인해 어려움을 겪지 않기를 바라는 큰언니의 바람이 드디어 급물살을 타게 되었다.

침대에 나란히 누운 환자끼리 먼저 사돈이 되어 쿵짝 하며 신명이 났다. 두 사람은 일사천리로 결혼을 진행해 나갔다. 교통사고가 자신의 탓이라 여긴 아들은 마지막 효도라 여겨 죄책감에 엄마가 마음에 들어 하는 여자이면 울며 겨자 먹기라도 결혼해야 할 판이고, 큰언니를 엄마같이 따르는 막내 여동생은 언니만 좋아한다면 무조건 오케이할 태세였다. 결혼관, 인생관이 주관 없는 의지형인 두 사람 모두 얼떨결에 첫 대면을 했다. 돼지띠와 쥐띠인 두 청춘 남녀는 여름에 결혼했다.

퇴원 후 그녀는 며느리와 재래시장이며 목욕탕 다니기를 즐겨 했다. 고부간 처음 온천욕 가던 날 자궁이 돌출되어 있는 것을 보고 며느리가 놀랐다. 황급히 병원에 가자고 졸랐지만, 그녀는 괜찮다고 했다. 사고로 반신불수가 된 시아버지를 휠체어에 태우기 위해 마루에서 마당으로 업어 내면서 용을 쓰다 보니 자궁이 돌출되었다고 한다. 나이 먹은 여자의 몸으로 남자를 업어야 했던 그 상황이 충격적이었다.

그녀는 떠나기 전 한쪽 배를 움켜쥔 채 장독대로 며느리를 불렀다. 간장 된장 고추장이며, 멸치젓갈이 커다란 항아리에 가득 남았는데 또 다른 항아리에 가득 채워 놓았다. 그해 김장 고춧가루도 미리 빻아 놓았다.

살림이 서툰 며느리에게 집안 열쇠 꾸러미를 건네주었다. 실반지 하나 딸에게 주지 않고 보석함을 나에게 건네주었다. 집은 장남 몫이니 잘 지켜야 한다고, 여자가 잘해야 한다고 며느리에게만 당부 또 당부하였다. 가족들이 쉬쉬하는 비밀을 그녀는 이미 몸으로 알아차린 걸까.

4개월 시한부였던 시간이 1년 반으로 길어졌고 그녀는 첫 손주까지 안아 보았다. 아픈 내색을 하지 않은 그녀였다. 가족들이

방심하는 순간에 며느리 혼자 그녀의 마지막 길을 배웅했다. 무거운 짐을 지우고 떠나게 되어 미안하다며 내 손을 잡고 우셨다. 며느리는 시어머니의 두 눈을 감겨 드리며 마지막 작별을 했다. 시누와 시동생 시집 장가 잘 보내고 시아버님 편히 잘 모실 테니 염려 마시라고 거짓 약속이라도 할 걸, 마음이 작았던 며느리는 그녀와 이별의 순간에 차마 그 말을 하지 못했다.

그녀가 떠난 뒤 그 자리에 서 보니 그녀가 끌어안고 감당해야 했던 많은 일들이 보였다. 며느리를 바라보았던 그 마음도 알 것 같았다. 장독을 바라볼 때마다 침묵한 죄책감으로 후회의 눈물을 흘렸다. 병실에서 마주한 인연의 원망스러움이 더 컸었기에 죄책감으로 한동안 며느리는 힘든 시간을 보냈다.

가정이라는 울타리가 쉽게 흔들리는 시대이다. 위태로운 자궁이 굳어질 때까지 그녀가 지켜 낸 가정이다. 그녀에게 그때 말로 하지 못한 약속을 실천하는 시간으로 며느리는 힘듦을 이겨 냈다. 하얀 새털구름 속에서 이제 그녀가 웃고 있다. 이제는 지나간 시간을 말이나 글로 표현할 수 있을까. 늘 무겁던 마음이 오늘은 새털구름처럼 가볍게 날아오를 것 같다.

바리데기

　세 살 아이가 입학했다. 주 양육자가 조모다. 조모는 어린이집에 아이 엄마가 아이를 만나러 오면 절대 만나게 해서는 안 된다며 통보해 주었다. 아들이 재혼하면 생모의 얼굴을 잊어야 한다는 것일까, 어린아이를 두고 떠날 수 있는 모정의 매정함에 일어난 분노 때문일까.

　두 달 후 아이 엄마라며 연락이 왔다. 아이가 너무 보고 싶다며 울먹였다. 난감했다. 아이 할머니의 의중을 알려 주었더니 말없이 끊었다. 며칠 후 다시 전화가 왔다. 아이가 너무 보고 싶어 일이 손에 잡히지 않고 일상을 견뎌 내기 너무 고통스럽다고 했다. 아이를 만나기 전에 아이 엄마와 마주 앉았다. 아이가 겪을지 모르는 혼란과 나중에 아빠와 할머니가 알았을 때 생겨날 수 있는 부작용이 염려되었기 때문이다.

　'가족' 하면 최인호의 연재소설이 생각난다. 《월간 샘터》 잡지에 34년 6개월을 〈가족〉이란 제목으로 수많은 이야기를 풀어내었다. 암에 걸려 치료를 요하지 않았다면 아마도 그는 더 많은 이야기들을 들려주었을 것이다. 평범한 일상이지만 살아가는 우리들의 이야기이기에 감동하고 공감하면서 웃을 수 있었다. 엄마 다음으로 내가 좋아하는 단어는 가족이다. 가족이라는 말에는 포근하고 온도가 느껴진다.

  아이 엄마는 간호사였다. 시어머니 집에서 결혼 생활이 시작되었다. 남편은 사업을 하여 실패하였고 많은 빚을 지게 되었다. 며느리가 잘못 들어와 집안을 망쳤다며 사소한 일에도 며느리를 힘들게 했다. 착한 아들은 어머니 편도 아내 편도 들지 못하고 주눅 든 이방인 같았다. 기센 시어머니를 감당하기 힘들어 부부는 헤어지게 되었다. 서로 갈라섰지만, 엄마가 아이를 생각하고 있음이 고마웠다. 남편과 이혼은 했지만, 가끔 서로 연락하며 지냈고 부부의 사랑은 아직 식지 않은 것 같았다.

  10월에는 가족 운동회가 열린다. 어린이집 프로그램 행사 중에서 가장 많은 가족이 모이는 날이다. 아이들의 부모뿐 아니라 조부모, 고모, 이모 등 모일 수 있는 모든 가족은 모두 초대한다. 해마다 가장 많이 참여하는 다가족에게는 가장 큰 상이 주어지고 그 가족을 부러워하는 박수와 환호가 터진다. 그해 가을 운동회에 모인 최다 가족은 14명이었다.

  엄마를 만난 후 아이 아빠에게 연락했다. 운동회 프로그램 취지와 목적, 가족의 역할의 중요성을 설명했다. 아울러 엄마 아빠가 함께 참석해 달라고 부탁을 하였다. 할머니에게는 비밀로 하기로 했다. 이혼하면 감정의 골이 깊어져 원수가 되기도 하고 그 마음은 고스란히 아이 마음에 분노 뭉치로 가라앉게 될 수도 있기에 그것만은 피하게 하고 싶었다.

어린이집 아이를 통해서 많은 가족을 만났다. 아이를 양육하는 대부분 가족은 이런 모습 저런 모습으로 다들 행복해 보인다. 가부장적 부모 밑에 자란 젊은 부부들이 공동 육아로 서로 위하고 배려하는 모습은 참으로 아름답다. 반면 고부간의 갈등으로 부부가 힘들어하며 위기를 맞을 때는 안타깝다. 두 아이를 한 명씩 나누어 헤어지는 모습을 보며 너무 안타까웠던 때도 있었다.

천륜이라 아이가 커서 부모 마음을 이해하고 찾게 될 날을 대비하여 여지를 남겨 두고 절대 응어리진 감정을 가지지 말라고 늘 부탁하곤 했다. 지금은 급변한 사회 현상으로 이혼하거나 나 홀로 가정이 늘어남이 자연스러운 현상이 되었지만 30년 전 그때는 한쪽 부모의 사랑이 안타깝게 느껴진 때였다. 반쪽 사랑보다 두 사람의 사랑이 더 온전하리라 믿었기 때문이다.

이혼으로 남이 된 두 사람을 설득했다. 며칠 후 있을 가족 운동회를 알려 주었고, 잠시 헤어져 있지만 이날은 아이를 위해 두 시간만 시간을 내어 달라고 부탁했다. 두 사람은 대신 할머니에게는 비밀로 해 달라고 하였다. 아이 아빠는 말이 없었고 아이 엄마는 고민의 시간이 필요하다고 했다.

체육관 강당에서는 국민의례를 시작으로 신나는 음악과 함께 전체 교사의 율동이 시작되었다. 아이와 학부모가 무대를 바라보며 함께하는 율동으로 운동회의 막을 열어 갔다. 재치와 익살, 재미를 더한 사회자의 진행에 많은 가족이 일사불란하게도 움직였다. 아이들의 놀이, 부모와의 협응이 있어야만 가능한 놀이 중심의 활동이다. 아이를 태우고 달리는 썰매 끌기와 게임, 조부모를 위한 장수 프로그램, 고모와 이모를 위한 프로그램, 그리고 마침내 젊은 아빠들의 릴레이 달리기가 시작되면 응원과 함께 함성이 터지고 운동회는 절정에 달한다. 아이와 어른의 키보다 높은 커다란 공이 엉뚱한 방향으로 굴러가면 폭소가 터지고 손가락으로 오른쪽, 왼쪽을 가리키며 안타까운 탄성이 이어진다. 아이 부모 중심이지만 그야말로 가족 모두가 참여하는 신나는 가족 운동회다. 다가족상은 가장 많은 인원이 참여한 가족에게 주어지는 상이다. 참여한 모든 가족이 인원수를 헤아리며 가장 부러워하는 상으로 최고 인원이 12명이었고, 그 해는 8명이 참여한 가족에게 돌아갔다.

이혼 가정의 두 부모도 운동회에 참석했다. 부모가 양팔에 깍지를 끼고 팔 고리를 만들어 아이를 태우고 달리는 모습이 보기 좋았다. 세 사람에게 시선이 자주 갔다. 헤어진 모습이 아니었다. 행복한 모습이었다. 온 가족이 한 아이를 바라보며 웃고 뛰놀고 달리고 게임을 하는 가족 축제의 날이다. "한 아이를 키우려면 온 마을이 필요하다"라는 아프리카 속담이 떠오르는 날이기도 했다.

운동회를 마치고 아이 엄마가 나를 찾아왔다. 운동회를 하던 날 가족의 무엇인지 가족이 얼마나 소중한지 깨닫게 되었다며 세 가족이 합치기로 했다고 한다. 시부모와의 관계는 시간이 좀 더 필요하다며 아이와 세 사람이 먼저 합치고 당분간 남편의 사업부도 후유증으로 은밀하게 살아야 한다고 했다. 마지막 등원을 하고 타구로 떠나면서 아이의 엄마는 내게《바리데기》책을 선물로 주고 갔다. 한국 설화《바리데기》를 밤새워 읽었고 엄마의 마음도 읽을 수 있었다. 길대 부인은 '버린다는 뜻'으로 아이에게 바리라는 이름을 지어 주고 상자에 아이를 담아서 바다에 흘려보내는 이야기다. 아마도 내게 책을 전해 준 아이 엄마는 물살에 떠내려가는 아이를 건져 낸 아찔한 심정이었을 것이다. 마지막 날 엄마는 눈물을 보였다. 아이를 지키고 엄마의 자리를 지키려는 그녀의 눈물이 보석처럼 빛났다.

부용꽃 지다

 5월은 소중한 사람, 고마운 사람을 챙기는 달이다. 친한 친구가 형제로부터 감사장을 받았다며 카톡에 소식이 올라왔다. 오 형제 모두가 사진 속에서 웃고 있다. 맏이로서 삶을 찰지게 잘 빚어낸 인생 우등생에게 보내는 형제들의 박수갈채다. 단톡방 친구들의 이모티콘이 쏟아지고 있다.
 대가족이라 어려웠던 시절, 대부분 집안의 맏이는 형제 중에서 가장 어깨가 무거웠다. 나이와 상관없이 농사일, 집안일, 동생들 건사하는 일은 물론이고 많은 일들을 짊어져야 했다. 맏이라는 이름과 시대적 가난으로 혜택보다 희생이 더 많았다. 감사장을 받은 친구를 닮은 큰언니가 내게도 있었다. 맏이로 고생 많았던 큰언니에게 다달이 용돈도 챙겨 주고, 어린 시절 내리사랑으로 받았던 정을 생각하며 살뜰히 보살펴 주고 싶은데 떠나고 곁에 없다.
 어느 날 TV에서 〈미스트롯〉을 보다 큰언니를 닮은 한 가수를 보며 한참을 울기도 했다. 큰언니는 자그마한 체구이지만 다부진 면이 있었다. 가녀려 보이면서 통통한 얼굴에 도톰한 입술이 매력적이었고 사람들에게 참한 이미지로 보였다. 생김새와 분위기를 보면 판소리와 창으로 내공을 다진 〈미스트롯〉의 가수 송가인을 닮았다. 송가인은 발라드, 트로트, 민요, 여러 장르의 노래를 시원스럽게 부른다. 송가인을 볼 때면 얌전하고 음치였던 큰언니가 송가인으로 환생했는가 하여 넋을 잃은 듯 바라본다.

 큰언니는 여섯 남매 중 가장 먼저 부모님을 대면한 이유로 맏이가 되었다. 너무 일찍 세상을 알았고 나이보다 빨리 철이 들었고 너무 일찍 가난을 만났다. 농사가 생업인 넉넉하지 않은 살림의 부모님을 도와 엄마의 분신처럼 어린 동생들을 차례로 업어 키웠다. 농사와 살림도 스스로 알아 갔다. 공업화 바람이 불면서 진주에 견직물 실크 공장이 생겼고 가난한 농촌의 처녀들은 산업전선으로 뽑혀 갔다. 큰언니는 초등학교를 졸업하고 얼마 후 공장에 취직했다.

 내가 중학교 입학을 앞둔 무렵, 큰언니는 진주에 있는 양장점으로 나를 데리고 갔다. 시골 학교에는 대부분 3년을 입기 위하여 크고 헐렁한 사이즈를 골라 사서 입었다. 단체 교복은 크고 라인이 없어 모양새가 밉다고 두 배로 비싼 옷을 맞추어 주었다. 맞춤 교복을 찾던 나를 앞뒤로 돌려 가며 흐뭇하게 바라보던 큰언니의 그 눈길은 지금도 잊을 수 없다.

 얼굴이 까맣고 단발머리였던 큰언니는 지금의 송가인처럼 얼굴이 뽀얘지면서 웨이브 머릿결이 멋스러웠고 예뻐 보였다. 철없는 나는 도시의 공장이 좋은 곳인 줄로만 알았다. 큰언니는 주말에도 연장 근무로 시골집에 잘 올 수가 없었다.

나는 가끔 부모님 심부름으로 밑반찬과 한약을 들고 진주의 큰언니한테 가곤 했다. 달걀이 귀하던 시절이었지만 언니는 무르팍에 나를 뉘고 거즈 손수건을 버짐 핀 얼굴에 펴서 달걀노른자를 으깨어 마사지해 주기도 했다. 야식으로 나오는 단팥빵을 먹지 않고 모아 뒀다가 내가 가면 그 빵을 먹여 주고 남은 것은 싸 주었다.

나는 입이 짧고 음식 섭취가 늘 어려웠다. 자주 체했고 잦은 배앓이로 침술원에서 배에 장침을 진저리 나도록 맞았다. 나는 몸이 나약한 애물단지 막내딸이었다. 없어서 못 먹던 시절에 잘 먹을 수 없는 체질이 겹쳐 얼굴은 버짐이 번져 있고 빈혈로 손톱이 뒤집혀 움푹 꺼졌으며 얼굴은 늘 창백했다.

중학교 졸업 앨범 속 흑백사진은 눈빛이 흐리고 버짐이 번져 있고 찡그린 미운 얼굴이다. 공부도 집안일도 농사일 돕는 것도 잘하지 못했고 늘 부실하고 모자란 아이였다. 내 또래 동네 친구들은 당차고 야무졌다. 일상인 꼴을 베는 것도, 산에 나무하는 것도, 냇가에 빨래하는 것도, 평범한 일상이 내게는 몸이 부실하다는 이유로 그 일들은 나를 비켜 갔다. 부모님은 내게 기대보다 걱정을 먼저 했다. 비실대면서도 나는 친구들을 따라 산과 들을 돌아다녔다.

누군가가 손톱이 꺼진 나를 보고 채독이라 했고 효험 있다는 조약을 소개해 주었다. 언니는 낯선 시골길을 물어물어 버스를 몇 번 갈아타고 조약을 구해 와 나에게 먹였다. 누런 봉투 한가득 그 알약을 한 줌씩 두어 달 먹은 후로 혈색이 돌아오고 움푹 꺼진 손톱이 올라왔다. 언니의 정성이 나를 살린 셈이다.

큰언니 따라 두 언니도 차례로 공장으로 갔다. 내 또래 장녀들 대부분이 농사일을 돕거나 공장으로 가거나 기술을 배웠다. 큰언니의 도움으로 나는 공장 일 대신 공부를 계속할 수 있었다. 언니들은 차례로 내게 학용품이며 옷이며 필요한 것을 사 주었다. 언니들 덕에 부족함 없이 자랐다.

나의 첫 직장은 사무원이었다. 큰언니는 성실하고 인정받는 A급 기술자라고 했다. 월급을 더 많이 준다는 스카우트 제의를 받았을 때도 경제적 이득이나 근무 환경 조건을 내세우지 않고 언니가 다니는 회사의 사무실에 나를 취업시키는 조건이었다. 큰언니는 그렇게 나를 살뜰히 늘 챙겼다.

그때는 철이 없어 몰랐다. 기술자가 되기 위해 열악한 작업 환경에서도 궂은일 마다하지 않고 감내했던 가슴 아픈 희생을. 큰언니인들 산뜻한 교복 입고 학창 시절을 보내고 싶지 않았을까. 큰언니도 마음속에 감추어 둔 맘껏 펼치고픈 꿈이 있었을 것이다. 큰언니에게서 내가 받은 혜택은 당연한 것이 아니라 맏이의 배려와 희생이 있었기에 가능한 일이었다.

적금 탄 돈으로 시골집에 논 두 마지기를 사 준 후에 큰언니는 시집을 갔다. 가족을 위한 큰언니의 희생은 효녀로 소문나 동네의 사람들의 부러움이었고 자랑이었지만 부모님에겐 아린 기쁨이었고 한이었다.

하늘이 효심을 질투해서일까. 결혼 후에 큰언니는 호르몬 불균형으로 몸이 붇기 시작했고 뇌종양으로 수술까지 받았다. 낙엽 지는 계절에 핏줄 하나 남기지 않고 큰언니는 서른아홉에 한 떨기 부용꽃으로 지고 말았다. 열악한 환경에서 너무 고생한 탓에 골병이 들었을 것이다. 생전에 엄마는 가슴 치고 목울음 울며 큰언니 이름을 자주 불렀다.

어릴 적 부모와 형제의 내리사랑 그 배턴 터치를 내 어찌 잊어버릴 수 있겠는가. 내 가슴에 푸른 별빛 그리움이 된 큰언니를 위해 나는 친정집 반장을 자처했다. 크고 작은 집안 행사에 큰언니를 대신하며 지금도 호루라기를 크게 불어 댄다.

"송가인은 큰언니의 환생일 거야. 어쩌면 가수가 꿈이었는지도 몰라. 그래, 지난 고생과 설움 다 잊고 무대 위에서 신나게 노래하며 화려하고 빛나게 살아 봐. 나 송가인 보디가드로 살고 지고…."

생의 첫 선물

　취사선택의 여지가 없다. 자신이 원해서가 아니고 출생과 동시에 이미 정해져 있다. 내 앞에서 늘 나를 대변하고 나를 따라다닌다. 누구를 기억하거나 떠올릴 때도 그를 대변한다. 마음에 들지 않는다고 구박하면서도 평생을 달고 지낸다.

　이름이 곧 나다. 우린 일란성 쌍둥이다. 이름은 개인 존재의 소개서이다. 이름을 통하여 그 사람을 들여다보고 알아본다. 이름은 나의 눈이고 손이고 발이고 심장이며 나의 전부이다.

　국민학교에 입학하는 날이었다. 왼쪽 가슴에는 이름표, 오른쪽 가슴에는 손수건을 달았다. 입학생 대부분 누런 콧물을 흘렸다. 콧물이 입술까지 흘러내리면 손수건이 없는 아이들은 아랫입술을 윗입술에 바싹 올려 "후읍" 하며 숨을 코로 들이마셨다. 코를 빨아 먹거나 팔을 올려 옷소매에 문질러 닦기도 했다.

　키가 작은 나는 맨 앞줄에 앉았다. 추워서 콧물이 흘러내렸다. 목단 꽃수를 놓은 하얀 옥양목 손수건으로 콧물을 닦았다. 동네 아이들과 고드름 먹다 흘러내린 콧물을 빨아 먹다가 엄마에게 혼난 셋째 언니를 본 뒤로 나는 콧물을 빨아 먹지 않았다.

입학 전날 보자기를 어깨에 두르고 엄마는 재봉 가위로 나의 머리를 다듬어 주었다. 자잘한 머리카락 가루로 목덜미가 따가웠다. 다른 날은 몸을 비틀었지만, 그날은 언니들 따라 입학하고 학교에 가는 것이 너무 좋아 투정 없이 오래 참았다.

선생님은 아이들 한 명씩 이름 부르고 얼굴을 바라보았다. 드디어 내 차례다. "최말순" 하고 선생님이 나의 이름을 불렀다. "예" 하고 대답했다. 선생님이 나를 바라보시더니 갑자기 웃었다. "끝순이, 이빨 빠진 개오지네" 하였다. 어린 마음에 얼굴은 열이 나는 듯했고 코끝이 시큰했다. 입학 첫날부터 선생님이 나를 놀렸다. 부끄럽고 싫었다. 머리 다듬고 명찰 달고 손수건 달아 한껏 멋을 낸 날이었다. 그런데 풍선처럼 날아오른 부푼 마음이 바닥에 추락한 날이 되어 버렸다.

언니들은 향임, 향순, 향숙이인데, 왜 나만 말순이라 끝순이로 놀림을 받는지. 집에 와서 퍼질러 앉아 발바닥 비비며 앙탈을 부렸다. 선생님이 놀렸다고 엄마에게 말했다. 하얀 박하사탕으로 나를 달래는 엄마는 작은 됫박과 타작 후 곡식을 되는 둥근 나무 말통을 가져왔다. "언니들은 한 되로 살지만, 너는 한 말로 산다. 봐라, 한 됫박보다 한 말은 이리 크다 아이가. 너는 언니보다 열 배의 부자로 살 거다. 이렇게 큰 말통의 '말' 자가 너의 이름 속에 들어 있다. 너의 이름은 참말로 좋은 이름이다." 박하사탕의 단맛에, 엄마의 그럴듯한 다독거림에 나는 울음을 뚝 그쳤다.
 새 학기 때처럼 상급학교 진학 후 출석 뒤에는 늘 꼬리표처럼 선생님은 말순이와 끝순이를 흔들며 놀렸다. 직장 생활에서도 동료나 선배들이 이름으로 시비를 거는 일은 언제나 이어졌다. 이름을 부를 때면 목소리가 작아졌고 고개를 들지 않았다. 내 이름이 싫어졌다. 그럴 때마다 엄마에게 투정하면 엄마는 늘 한결같이 말통 이론을 들이대며 나를 진정시켰다.
 50대에 늦은 공부를 시작했다. 대학원 첫 수업 날 노교수님이 "최말순" 하고 내 이름을 불렀다. "예" 하고 대답했다. 국민학교 입학식 때와 똑같은 상황이다. 교수님은 빤히 나를 바라보았다. 같이 공부하는 학생들 대부분이 초중고 30~40대 현직 교사들이다. 이름이 하나같이 세련되고 예쁘다. 그 속에 버티고 있는 촌스러운 이름의 주인공이 누군지 궁금했는가 보다. 또 시작이다 싶었다. 나를 바라본 교수님은 조소가 아닌 인자한 미소다. "자네 성공했는가?" 하고 묻는다. "예, 성공했습니다." 자신 있게 대답했다. 나도 교수님도 웃었다. 성공이란 줄줄이 딸 그치고 엄마가 아들 낳았냐는 염려의 물음이었다.
 교육 연수 때마다 출석 자리에서는 사회 친구들이 놀렸다. 이름이 너무 촌스러우니 개명하라는 말을 살아오면서 귀가 따갑도록 들었다. 어느 선배는 나에게 어울릴 것 같다며 '수아'라는 이름을 선물하기도 했다. 수필반에 오니 글을 쓰려면 필명이 좋아야 한다며 개명을 권하기도 한다. 어릴 때 내 이름은 불리기만 하면 놀림감이었고 사회생활 초기에는 주눅 들어 힘들었다. 촌티 난다며 나보다 남들이 더 야단이었다.

직장 다니면서 가명을 쓴 적이 있다. 나를 소개할라치면 창피해서 말순이는 숨겼다. 어느 날 잡지 뒷면 펜팔 코너에 실린 내 이름은 말순이가 아니라 연희였다. 이름이 예쁘다며 전국 곳곳에서 손 편지가 날아들기 시작했다. 놀림을 복수하듯 조소와 희열로 하루에 20~30통의 편지를 재미나게 읽었다. 답장은 하지 않았다. 가면을 쓴 이유로.

단 한 사람, 사우디 건설 현장에서 날아든 편지 한 장에는 정성스럽게 답장을 보냈다. 타국이라 나를 만나기 어려울 것이고, 가난을 벗어나기 위해 머나먼 곳에서 38도의 무더위와 싸워 가며 고생한다니 힘을 주고 싶었다. 마음을 드러내지 않고 안부와 계절 인사 등 핑크빛이 아닌 무채색으로 2년간 편지를 주고받았다.

6개월 후에 그가 한국으로 온다니 더럭 겁이 났다. 줄행랑을 쳐야 했다. 나는 연희라는 가면을 쓰고 있었기 때문이었다. 귀국 선물로 샀다며 키 크고 마른 한 남자가 열린 상자에 롤렉스 시계를 들고 서 있는 사진을 보내왔다. 그동안 모은 돈으로 아파트를 장만할 수 있게 되었다는 말까지 하면서 보고 싶다고 했다. 만나서 그 시계를 받으면 인연의 고리에 걸려들 것 같았다. 연희라는 이름은 내가 아니기에 편지를 끊고 그를 더 이상 만나지 않고 숨어 버렸다. 연희라는 가면을 벗고 나는 말순이로 돌아와야 했다. 지금 그 사람 곁에는 어떤 이름의 여자가 서 있을까.

사람은 누구나 이름과 함께 세상에 머물다 떠난다. 부모님이 지어 준 이름을 버리고 세련된 이름으로 개명한 또래 친구들이 많다. 개명 절차가 예전처럼 어렵지 않고 쉬워졌지만 이제는 담담하다. 이름이 촌스럽다 놀려도 그냥 웃는다.

　세월을 뒤돌아보니 내 생애 가장 큰 기쁨은 부모님이 말순이라 불러 준 무한 긍정의 그 시간이었다. 사람은 이름과 함께 세상에 머물다 간다. 나의 꼬리표, 지금까지 나를 대변하였고 세상에 머무는 날까지 함께할 말순이다. 나는 말순이라는 이름의 나로 당당히 살기로 했다.

만화방초(萬化芳草)

　색을 입혔다. 어느 화가의 작품일까. 산자락에 무성하게 군락을 이룬 푸른색 수국꽃이 넓은 치맛자락에 수채화로 피어났다. 진열대 위에 전시한 수국 그림 치마를 한 다발의 꽃을 사듯 기쁜 마음으로 구매했다. 그림 한 점이 내게로 와 나의 꽃이 되었다.

　정원의 느낌이 소박하다. 자갈 깔린 주차장을 지나 매표소 입구까지 줄지어 선 편백나무가 그늘을 드리워 숲의 시작을 알린다. 맞은편에 진초록 수국 나무들이 꽃 몽우리를 새순 우듬지마다 품고 피어나기 시작한다. 산자락마다 푸른 수국꽃이 꽃망울을 터트리며 아름다운 자태를 드러내는데 그 색감의 오묘함으로 신비감을 더하는 숲길이다. 인공적인 설계를 벗어나 경사진 언덕의 지형을 그대로 살려 최소한의 개발로 조성된 정원이다.

　수국은 6월 중순에서 7월 초가 절정이다. 사찰이나 수국 정원에서는 여름 수국 축제가 때를 맞추어 시작된다. 어릴 적 엄마를 따라갔던 절 대웅전 계단 아래에서 수국을 처음 보았다. 엷은 보랏빛 수국이었다. 소담하고 예쁘기만 한데 보는 이 드문 산중에 피어 있어 왠지 슬퍼 보였던 어린 감성이 지금도 남아 있다. 절집에서 자주 보았기에 그 꽃에 무슨 사연이 깃들어 있을 것으로 생각했다. 여름이면 곳곳에서 수국 축제가 열릴 만큼 몇 년 사이에 다양한 종류와 색깔의 수국 재배가 늘어났다. 수국은 색에 따라 꽃말이 다르다. 보라색은 진심, 청색은 냉담과 냉정, 하얀색은 변덕과 변심, 분홍색은 소녀의 꿈이라는 꽃말을 가지고 있다.

예전에는 신부의 부케를 백장미와 카라로 만드는 게 유행이었다. 어느 해부터는 뽀얀 연분홍색 수국이 하얀 웨딩드레스를 입은 신부의 손에 들리기도 했다. 부귀영화를 상징하는 모란보다 더한 풍성함과 우아함의 품격이 신부에게 맞나 보다. 수국이 꽃의 용도로 쓰일 때는 서양란의 이미지와 격을 같이한다. 드라이플라워에 색을 입혀 겨울에도 다양한 이미지로 연출을 한다.

분홍색이 주를 이룬 부산의 영도 태종사 수국 축제에 자주 갔었다. 태종사 도성 스님이 우리나라 곳곳의 수국과 일본, 네덜란드, 태국, 중국, 인도네시아 등 여러 국가에서 40년 동안 수집하여 심은 것이 5천여 그루에 달한다. 반음지 식물이라 소나무 그늘을 드리운 곳이나 습지 쪽에서도 수국은 우람하고 토실했다. 산자락 양지 둔덕에 핀 수국은 다소 아쉬울 만큼 몸피가 가늘고 송이가 작았다.

수국은 토양 성분에 따라 꽃잎의 색깔이 변한다. 꽃이 푸르다면 그 땅은 산성흙이고, 꽃이 붉다면 그곳은 알칼리성흙이라는 것이다. 목수국, 분홍색, 푸른색의 세 종류 수국을 키워 본 경험이 있다. 맺은 몽우리에서 피어나기까지 서너 번 색이 변하기도 하였다. 수국은 질 때 장미나 동백, 목련처럼 꽃잎이 떨어지지 않고 마른 채로 가지에 매달려 겨울을 나기도 하였다.

  공룡 발자국으로 유명한 경남 고성의 거류면에 자리한 수목원 이름이 만화방초다. 만화방초란 온갖 꽃과 향기로운 풀이란 뜻을 담고 있다. 오래전 이곳 정원을 방문한 이 고장 출신 인문학자인 김열규(1932~2013) 교수가 애정을 담아 지어 준 이름이라고 한다. 이름에서 싱그러운 자연의 풀꽃 향기가 날아오른다.

  수목원을 들어서면 넓은 잔디 정원이다. 신혼부부들의 웨딩 촬영 장소로 인기가 높다. 주위의 숲을 이룬 몸피가 큰 나무와 꽃들, 평온한 연못의 배경은 웨딩 주인공을 더욱 돋보이게 할 것 같다. 잔디 주위에는 여러 가지 꽃들이 방실거린다. 잔디 뜰 옆에는 분수가 있는 작은 연못이 자리한다. 잔디 정원과 조화롭게 작은 수초들이 얼굴을 내민다. 물 위에 펼쳐져 누운 연꽃이 평온하다. 개구리는 바위에 올라 일광욕을 즐기고 소금쟁이는 긴 수염을 늘이고 수면을 걸어 다닌다. 곳곳에 거목들이 연못을 감싸 보듬고 있다.

  잔디 정원을 지나 빼곡한 나무숲 울타리를 오르니 바깥에는 소나무와 벚나무로 울타리를 이룬다. 가을이면 색이 변할, 곳곳에 뿌리 내린 아기 단풍나무의 여름옷이 싱그럽다. 나무숲 한쪽에 황토집이 보인다. 정원을 가꾸는 장비들이 눈에 들어온다. 어릴 적 살던 토담집 추억이 정겨움으로 다가온다. 마당에 놓인 여러 개의 절구와 야트막한 우물을 쌓은 돌들 위에도, 커다란 나무 비늘에도 푸른 이끼가 소복하게 자란다. 자연 그대로의 신비한 기운이 흐른다.

가파르지 않은 정원의 산길이다. 토담집 위쪽으로는 넓은 녹차밭이 있다. 10월에 피는 차나무꽃도 향기롭다고 한다. 정원의 산 정상에서 아래를 내려다보니 하얀 구름이 손에 잡힐 듯 가까이서 피어오른다. 산 중턱 곳곳에 무더기와 울타리의 형태로 심어져 형형색색으로 자태를 뽐내고 있다. 돌아내려 오니 편백나무 숲길이 보인다. 숲길로 이어지는 길목에도 수국이 줄지어 있다. 쉼터 벤치에 앉아 숨을 고르니 피톤치드가 폐까지 스며들어 온몸이 초록색으로 물드는 느낌이다. 머리가 맑아진다. 편백나무 숲 아래는 계곡물이 얕게 흐르고 있다. 장마철에 물이 불어 계곡물이 넘실거릴 때는 돌계단 폭포가 되어 흘러내릴 것 같다. 계곡 언덕에 피어 있는 푸른색 수국은 한 폭의 수채화로 다가온다. 만화방초는 습기를 머금어 수국이 몸을 풀고 맘껏 뿌리 내려도 좋을 자생지로 최적지인 듯하다.

정원의 주인을 만났다. 산속에 작은 흙집을 그려 놓고, 녹차밭을 그리고, 수국을 그리고, 벚꽃을 그렸다. 화가는 붓으로 그림을 그리지만 자신은 괭이로 만화방초 그림을 그렸다고 한다. 아름다운 정원보다 마음이 편한 정원을 만들고 싶다는 정종조 대표는 70대 중반의 나이지만 자연 속에서의 삶이 건강하고 평온하다. 무역업을 하면서 육신의 안온을 위해 40대부터 선대가 물려준 고향 땅에 주말마다 내려와 옛 풍물을 모으고 녹차밭을 일구며 온갖 꽃들을 35년간 심어 가꾸어 만화방초 정원이 탄생되었다고 한다. 전국을 다니며 예쁜 수국의 종류를 모아 심어 수국은 이곳 만화방초의 대표 꽃이 되었다. 그동안은 비밀의 정원이었던 조용한 숲이 2018년도부터 개방되어 꽃과 풀 향기를 뿜어내며 사람들 발길을 끌고 있다.

체험 행사와 다양한 문화예술 활동이 수국 축제 기간에 열리고 있다. 만화방초는 이제 단순한 볼거리 제공이 아닌 치유농업으로 바뀌고 있다. 피어난 수국의 꽃송이에서 주인의 마음이 보인다.

A와 D의 틈새

상가건물 1층에 자리한 B 은행이 어느 날 사라졌다. 대신 마트 안에 직원 두 명을 둔 새로운 창구가 생겼다. 갑자기 달라진 작은 창구 앞에 대부분 인터넷 뱅킹이 어려운 어르신들의 긴 줄이 이어져 있었다.

수필 공부하러 가는 B 공립대학 정문 주차 바리케이드를 관리하던 전산 요원이 첫해에는 있었다. 할인 카드와 천 원짜리 지폐 한 장을 주차 요원에게 건네면 되었다. 다음 학기엔 주차 요원이 없어졌다. 할인 카드와 신용 카드로 직접 결제하는 무인 시스템 방식으로 전환되었다.

평생교육원 대부분의 나이 많은 이용자는 익숙지 않은 결제 방법에 오류가 많아 긴 줄이 생겼고, 며칠 동안은 뒤차가 클랙슨을 빵빵거리며 앞차의 늦은 출차를 채근했다. 나 역시 긴장되어 며칠 실수를 거듭한 끝에 이제야 익숙해졌다. 수업 후 같은 시간의 출차로 뒷줄이 길게 이어지면 긴장이 된다. 카드와 기계보다 눈

인사하며 지켜봐 주는 사람이 더 좋았다. 디지털 방식보다 오랜 시간 길들어 익숙해진 아날로그 시스템이 있는 후문으로 출차하고 싶어지기도 한다.

　인근 마트에도 마찬가지였다. 어느 날 갑자기 사람이 있던 계산대 절반 이상이 무인 계산대로 바뀌었다. 식당에도 가게에서도 덩치 큰 키오스크 단말 기계가 사람을 맞이하고 주문을 대신 받는 곳이 늘어 가고 있다. 새롭게 단장해 개업한 대형 식당에는 테이블 위에 놓아진 간편 무선 터치식 주문 단말기가 대부분이다. 로봇이 음식을 나르기도 한다. 사람이 만든 기계에 사람이 밀려나고 있다. 인공지능 언택트 시대가 도래한 것이다.

　변화의 급물살이다. 삭막함이 느껴질 정도로 코로나19 팬데믹이 일상과 산업체계를 급격히 뒤바꿔 놓았다. 인공지능의 활용이 늘어 간다. 폰으로 쇼핑하고 주문하고 결제를 한다. 은행 업무는 물론이고 일상의 모든 일이 스마트폰에서 이뤄진다. 사회관계망 서비스 중 하나인 인스타그램(SNS)을 통한 1인 기업 형태가 늘어나면서 기업은 흥망의 기로에 서기도 하고, 시스템 급변화에 몸살을 앓기도 한다.

　3년마다 받는 업무 관련 보수교육도 예외는 아니었다. 일주일간 하루 8시간 참여 수업이 비대면 수업으로 바뀌면서 화상 교육으로 전환되었다. 이동 없이 사무실 컴퓨터 앞에 앉아 교육받는 편리함도 있지만 거부 반응도 있다. 두세 시간씩 연속강의 교수법이 불편해지기 시작했다. 비대면 수업 방식이 달라지리란 기대에도 불구하고 디지털 시대에 아날로그 방식의 수업이 이어지고 있었다. 눈에 보이는 교육 방식에 눈이 거부하고 있다. 유튜브나 인스타그램 등의 조작이나 이용 기술을 습득하기 이전에 날아온 정보에 눈이 먼저 익숙해져 버린 터이다.

관련 수업을 파워포인트나 사진 영상 자료 없이 책 읽듯이 수업했다. 컴퓨터 화면에 수업 내용을 타자로 두드려 가며 느리게 진행하기도 했다. 강의자의 얼굴만 바라보며 두 시간 세 시간 연속 수업을 받아야 하는 경우가 많았다. 내용에 깊이가 없거나 실무 경험은 없고 이론만 펼치는 수업에 지루하고 거부 반응이 일었다. 컴퓨터 조작 미숙으로 화면이 자주 꺼지고 강의자는 사무원 도움 없이는 해결이 어려웠다.

절반의 강의 내용이 그랬다. 교수법이 답답하여 참지 못한 수강자가 수업 방식에 대한 항의를 했다. 일부 강의자의 컴퓨터 기기 사용이 익숙지 못한 탓이라고 학교 측의 항변이 이어졌다. 코로나가 끝날 것이라 여겨 비대면 수업에 자료를 제대로 만들지 못한 탓이다. 기기 사용을 거부하여 받아들이지 못한 강사가 신속한 대처를 하지 못한 부조화에 교육생들은 불편하고 짜증스러웠던 것이다. 세대 간의 격세지감이 들었다.

나 역시 새로운 시스템의 조작 방법이나 직접 사용하는 것에서는 거부하거나 두려움을 느낀다. 그러면서도 눈은 매체의 광고나 변화에는 따라가면서도 직접 마주하거나 사용에 대한 두려움은 어쩔 수 없어 마음에서 거부부터 한다.

교양과목에 인문학 강의가 두 시간 있었다. 다국적 커피전문점 스타벅스의 이름에 관한 내용이었다. 스타벅스는 허먼 멜빌의 소설《모비 딕》에 나오는 일등 항해사의 이름인 '스타벅'에서 따왔다. 스타벅은 커피를 좋아해 선상 위에서 늘 커피 잔을 들고 있다. 일상에서 쉽게 접하는 친숙한 커피와 인물에 대한 설명이다. 기업의 로고인 초록색으로 그려진 여인은 그리스 신화에 나오는 바다의 인어 요정 세이렌이며 노래로 뱃사람을 유혹했다는 전설에서 비롯해 이제는 커피 향으로 전 세계인을 유혹한다. 디지털 방식의 수업 자료 화면이 눈을 즐겁게 하고 생각을 확장하게 해 주었다.

실무 경험이 능숙한 젊은 강의자의 수업 방법에 있어 교수법의 차이가 흥미와 상식, 호기심을 더해 주었다. 허먼 멜빌에 대하여, 소설의 내용과 등장인물, 스타벅스의 유래와 로고, 신화 속 인물이나 주인공에 대한 지식 전달을 사진 자료와 함께 준비한 내용과 이미지가 비대면 수업이었지만, 반감이 드는 이론뿐인 수업과 비교되었다. 접근은 두려우면서도 빠른 이해와 공감은 물론, 감동까지 주는 방식의 수업이었다.

학교에도 지식 전달이나 교육 체계가 달라져 가고 있다. 일부의 반감도 있을 것이다. 우리는 교육, 사회, 일상생활에서 빠른 변화 속에 서 있다. 아날로그 시대를 살아왔음에도 디지털 시대를 강요받고 있다. 때로는 거부하고 때로는 수용하며 편리함을 인정하지만 두려움이 그림자처럼 붙어 다닌다.

아날로그 시대에 이미 적응이 되어 있던 터라 새로운 것을 익히기보다 익숙해진 편안함이 좋다. 이용자로서는 환영이지만 사용자로서는 숨을 멈칫거리기도 한다. 선택 사항으로 사용하는 것은 나만의 욕심일까.

어정쩡한 삶의 과도기에서 위아래 살펴보며 걸어야 할지 달려야 할지 엉거주춤 곤욕을 치르는 세대이다. 손에 쥐고 있는 최신 핸드폰의 바탕화면에는 아직 사용하지 않은 로고가 깔려 있다. 아날로그를 살아온 세대에 디지털 방식을 제대로 익히지 못하면 무지해지고 시대에 뒤떨어지는 기분이 들기도 하여 나날이 달라지는 세상의 변화가 때론 부담스럽고 두렵다.

우리는 정보의 홍수 속에 산다. 삶의 지각이 바뀌고 있다. 행복은 손을 통해서 오는 수작업이라고 했다. 사람은 손을 많이 쓸 때 행복감을 느낀다고 한다. 스마트폰은 저항 상대를 없앤다. 또한 간단히 터치하면 반항 없는 아첨꾼이다. 사물을 천천히 바라보는 행복이 정보를 통해서 밀려난다.

B 대학의 정문과 후문에는 디지털과 아날로그가 공존한다. 이끌려 가기보다는 정문과 후문의 D와 A를 택할 수 있는 것처럼 자유의지로 주도적인 삶을 살고 싶다.

황혼에 책방을 개업하다

 휴지가 없다. 최고의 티슈는 헌책이었다. 언니들이 취직해서 도시로 간 뒤로는 화장실 휴지로 쓰던 비료 포대 속지의 억센 종이와 옥수수잎, 칡잎이 사라졌다. 신문지와 여성잡지가 뒷간 나무 기둥에 걸린 짚 망태기 속을 채웠다. 예전에 비하면 지금 내 손에 만져지는 종이의 감촉은 그야말로 목화솜이었다.

 초등학교 3학년쯤이다. 뒷간에 걸린 망태기 속에 두툼한 책이 있었다. 오래되어 부풀어 있는 누런 종이의 동화책 한 권이다. 《아라비안나이트》, 알리바바와 40인의 도둑 이야기였다. 한 장을 찢어야 하는데 쪼그리고 앉아서 읽기 시작했다.

 가난한 알리바바 나무꾼이 산에서 나무를 하다가 40인의 도적을 만났다. 몸을 숨기고 도적의 일거수일투족을 살핀다. 도적이 사라지자 "열려라, 참깨" 주문을 따라 외웠다. 커다란 돌문이 열리고 그 안에 금은보화가 가득했다.

 알리바바와 도둑과의 금은보화를 두고 머리싸움의 재미와 긴

장감에 푹 빠져 버렸다. 절반을 읽었을까, 다리에 쥐가 났다. 콧등에 검지로 침을 세 번 발랐다. 너무 재미있어 화장실 나무 판때기 위에 쪼그리고 앉아 있다는 사실을 까맣게 잊어버렸다. 일어서려는데 몸이 휘청거렸다. 엉성하게 엮어 독광 모양의 위에 걸쳐 놓은 소나무 발 사이로 발(足)이 끼이면서 한쪽 다리가 똥통 속으로 빠져 버렸다. 화장실에서 넘어지거나 다치면 큰일이라며 똥통 속에 빠진 나보다 엄마가 더 야단이었다. 이 일의 발단이 동화책 때문인지 엄마는 몰랐다. 나를 씻긴 후 엄마는 액땜해야 한다며 밀가루떡을 얼른 쪄서 내 입으로 밀어 넣었다.

첫 동화책 《아라비안나이트》를 읽은 후부터 책이 좋아지기 시작했다. 내용을 다 외울 정도로 읽고 또 읽었다. 그때 산골 학교에는 도서관이나 책방이 없었기에 동화책은 정말 귀했다.

어릴 때부터 나는 아이들과의 놀이를 좋아했다. 초등학교를 마치고 집에 오면 아이를 업고 누비네 띠를 동여매고 사촌 오빠 집 조카들을 자주 업어 주었다. 우리 집 마당은 미취학 아이들의 놀이터였다. 어른들이 가장 바쁜 농번기 때의 아이들 몰골은 엉망이다. 눈곱이며 누런 콧물 코딱지로 얼굴마다 범벅이었다. 집 앞 도랑에 데리고 가서 말끔히 씻어 주었다. 엄마를 흉내 내어 커다란 봉제 가위로 손톱도 잘라 주고 머리카락이 눈을 가린 아이의 머리를 잘라 주기도 했다. 머리 자르다 귓불에 상처를 냈는데 바를 약이 없어 담벼락 황토를 긁어 발라 지혈시킨 아찔한 날도 있었다. 어른들은 이렇게 하는 나를 보고 보육원 원장이라 불러 주었다.

동네 또래 친구들과 소를 몰아 뚝섬 미루나무에 메어 두고 소에게 풀을 먹이기도 했다. 숫돌 위에서 날을 세운 낫으로 꼴을 베어 꼴망태가 볼록하도록 쇠꼴을 채운다. 아카시아는 가지가 늘어지도록 하얀 꽃주머니를 주렁주렁 매달고 꽃향기를 날려 벌들을 부른다. 미루나무가 바람을 만나면 잎사귀는 팔랑팔랑 앞뒤로 뒤집어 가며 요술 부려 두 얼굴이 된다. 모두의 꼴망태가 채워지면 우리는 약속이나 한 듯 뚝섬 미루나무 그늘 푸른 잔디 위에 드러누워 푸른 하늘에 하얗게 피어오른 뭉게구름 솜뭉치를 올려다보았다. 하얀 구름을 펼쳐 가며 그 위에 상상의 그림을 그린다. 미용사 일을 하는 둘이의 꿈은 언니처럼 미용사였고, 권순이는 그냥 엄마가 되고 싶고, 숙임이는 도시로 시집가고 싶고, 정남이는 간호사가 꿈이라 했다. 나는 아이들과 동화책이 가득한 집에서 살게 되면 엄마를 모셔 와 함께 살고 싶다고 했다. 철없던 날의 소박한 바람은 막연한 기도였지만 간절함이 담긴 나의 꿈이기도 했었다.

여름날엔 뚝섬에서 친구들과 함께 소를 먹이며 꼴을 베었고 겨울에는 산에서 대나무 갈퀴로 소나무가 뿌린 솔가리를 긁어모았다. 짚으로 꼰 세 개의 새끼줄을 나란히 펼치고 솔가리가 흘러내리지 않도록 청솔 두세 가지를 잘라 깔았다. 그 위에 솔가리 한 아름씩을 마주 쌓았다. 누르고 묶고 두드려 장구처럼 만들어 머리에 이었다. 힘이 작은 친구부터 머리에 올려 주고 키 크고 가장 힘센 둘이는 높다란 곳에 올려 혼자 머리에 솔가리 단을 이었다. 솔가리 단을 마당에 던져 내리면 청솔가지에 달라붙은 끈끈한 송진은 머리카락 몇 올씩을 당겨 뽑아 가곤 했다.

　환갑을 지난 나이에 동네 친구들과 시골집에서 가끔은 여유롭게 마주한다. 어찌 고운 날들만 있었을까. 지난 세월 고진감래라더니 어린 시절 야무지게 피워 낸 꿈들을 펼쳐 보는 한마당이었다. 우리는 만나면 지나온 삶을 풀어 내며 할 말이 많아지는 참새가 된다. 먼지도 이끼도 없는 순수한 그때의 맑은 마음들이다. 어릴 적 내 꿈은 이루어졌다. 동화책 가득 꽂아 두고 아이들의 미소와 함께 보낸 시간이 서른 해를 넘기고 있다. 상상 속의 불확실했던 꿈이 이루어진 감사의 기도는 지금도 이어지고 있다.

　주말이면 엄마가 살던 시골집 마당에서 꽃밭을 가꾼다. 세 가지 소원 중에 엄마와 함께 오래 하지 못한 막내딸의 모정 결핍증을 치료하는 일이다. 잔디를 심고 수국이 피어나던 첫해에 노란 물 곱게 들인 모시 적삼 차림으로 엄마가 꿈에 오셨다. 봄 나비의 모습으로 내게 오셨다. 추억은 그리움 되어 마당 풀섶에 이슬방울로 맺힌다.

　시집을 모으고 읽은 책을 기쁨으로 쌓아 오던 날들이 있었다. 삶의 파도는 기나긴 시간 동안 내 속에서 요동치고 가라앉고 멈추었었다. 꽃마당 시골집 작은 방에 벽면을 가득 메운 나만의 책방을 황혼에야 개업했다. 세 번 이사하면서 다른 것은 몰라도 책들만큼은 끌고 다녔다. 묻어 둔 그리움의 언어들이 깨어나 새봄의 솔순 향기로 다가온다. 나에게 책은 평온의 휴식이고 꿈의 긴 자락이다. 황혼에 나는 책 속에서 다시 꿈을 꾼다.

3부
무면허 초의사

무면허 초(草)의사
배달 사고
너를 지우다
계란프라이 세 개 사건
산불
수선사
낙엽 다비(茶毘)
교복 입고 출근했다
범종에 실어 보낸 그리움

무면허 초(草)의사

　가벼운 차림으로 산책길에 나섰다. 바깥 날씨를 확인하지 않고 나와 보슬보슬 내리는 비를 그냥 맞고 걷는다. 산책하며 땀에 젖으나 비에 젖으나 마찬가지일 터, 시원하게 느껴지는 비를 맞으며 산책하면 기분이 좋아질 때가 있다. 비에 마냥 젖어 보기로 한다.

　아파트 정원 앞줄에 자리한 춘란을 닮은 맥문동이 가뭄에 단비를 맞고 생기를 더하고 있다. 녹색 머리카락을 풀어 헤치고 여유롭게 샤워를 즐긴다. 비를 머금고 보라색 꽃대가 여기저기 솟아오른다.

　뿌리가 뽑힌 채 화단에 누워 있는 화초가 시선을 끈다. 두루미의 긴 목선을 닮았다. 잎사귀를 펼치면 공작새의 깃털처럼 화사하고 풍성하다. 세 송이 하얀색 꽃을 피워 내고도 뿌리를 드러낸 채 널브러져 있다. 비에 젖은 모습이 측은하다. 시들지도, 병들지도, 해충의 피해도 입지 않았다. 전잎 하나 없다. 화원을 나설 때의 생기와 윤기가 아직 그대로다. 그 화초는 스파티필름이다.

버려진 화초를 보면 나는 장소를 가리지 않고 무면허 초(草)의사가 된다. 마당에 뿌리 내리지 못하고 누워 있는 식물은 곧 죽게 된다. 무면허 초(草)의사는 비밀 눈 청진기로 식물을 진찰한다. 스캔한 식물은 진찰 후 벌레들이 밝기 전 구조에 들어간다. 아파트 베란다에 신속히 옮긴다. 장갑이 없어도 손에 묻을 흙이나 이물질을 두려워하지 않는다. 화초 속에 숨어 있을 개미나 진딧물, 딱정벌레 같은 벌레가 실내 화초나 아파트에 유입이 되는 두려운 생각을 한다면 만지거나 베란다에 옮기지 못한다.

화분을 골라 상토와 알토란을 넣어 스파티필름을 옮겨 심는다. 이물질을 털어 내고 아기를 목욕시키듯 스프레이로 하얀 꽃대와 푸른 잎을 씻긴다. 공기정화 식물이라 입주 선물로 들어온 스파티필름의 청초함이 여름날 초파리를 불러 모은다는 이유로 내침을 당한 게 분명하다. 이제 새로운 환경에 다시 뿌리 내리고 적응할 때까지 잠시 몸살은 앓겠지만, 이삼일 지나면 몸을 추스르고 다시 깨어나 푸른 생명력으로 숨을 쉬리라.

버려진 식물 중에 난도 있었다. 꼬불꼬불 하얀 뿌리는 말라 있고 겉잎은 누렇게 떠 있다. 연둣빛 속잎이 아직 살아 있어 분갈이하면 소생의 기미가 보인다. 수분과 영양 고갈로 생기를 잃고 시든 모습이다. 건강할 때 너의 모습은 푸른빛 감도는 도자기 화분에 담겨 있었을 터이다. 분홍 리본 화사하게 달고 승진하는 사람의 테이블 위에 놓여 있어야 제격이다.

법정 스님의 《무소유》라는 글 속에 등장하는 같은 종류의 난이다. 무소유란 아무것도 갖지 않는다는 것이 아니라 불필요한 것을 갖지 않는다는 뜻이라는 법정 스님의 마음이 스쳐 지난다. 청자분 바닥에 망을 깔아 나무껍질을 채워 넣고 난을 다듬어 뿌리를 펴 심는다. 바이오 한 줌 넣어 물 빠짐이 잘되게 자잘한 트멍돌을 위에 덮는다. 물을 뿌린다. 다시 깨어나라. 잎과 뿌리를 키워 가족도 늘리고, 상아색이든 연보랏빛 꽃도 피워라. 단절될 뻔한 너의 여러 해의 봄 숨을 이어 가라.

유기 식물은 일상 속의 지친 누군가의 모습이면서 치유 공간이자 나만의 작은 숲이고 힐링하는 장소이기도 하다. 분갈이로 거름을 넣고 흙을 매만지고 때를 맞추어 물을 주면 빠르게, 때론 더디게 깨어나 생기와 윤기를 더하고 가지를 뻗어 가며 새잎을 틔운다. 아파트 베란다와 일터의 뜨락은 유기(遺棄)된 식물의 집이다. 시들어 가는 화초도 나는 거뜬히 잘 살려 내어 생기를 주고 숨을 쉬게 만든다. 환기를 시켜 주고 강한 햇살을 원하는 화분은 바깥으로 옮겨 주기도 한다. 숨은 곧 생명력이다.

삶이 여물지 않았던 오래전의 일이다. 어린이집 출입 테라스에 봄꽃 화분을 여러 개 들여놓았다. 다음 날 화분이 하나 없어졌다. 속상한 마음이 채 가시기도 전에 다음 날 또 하나의 화분이 사라졌다. 워낙 좋아하고 아끼는 꽃이어서 마음이 불편했다. 초롱초롱 아이들의 해맑은 눈빛들이 바라볼 꽃을 누군가가 훔쳐 갔다. 한 번도 아니고 두 번이나. 이건 분명 범죄 행위이고 말이 안 되는 짓이라 생각했다.

 꽃 도둑을 잡아야 했다. 안절부절못하다가 112에 전화를 걸었다. 꽃 도둑을 잡아 달라고 신고했다. CCTV가 없던 시절이었다. 5분 후 출동한 경찰이 난감해했다. 화분은 사소한 물건이라 수사하기에 애매하고 찾기도 어렵다며 안으로 들여놓으라고 했다. 지금 생각하니 속 좁은 마음이 부끄럽기만 하다.

 산책하는 날은 아파트 화단이나 풀숲을 회진하듯 습관처럼 살핀다. 키우던 화초나 화분, 흙을 어디에 버리는지 보이기 때문이다. 재활용 쓰레기를 버리는 날이면 쓸 만한 화분은 주워다 모아 둔다. 유기 식물을 키우다 보니 빈 화분은 늘 필요하다. 경비 아저씨나 청소하시는 분이 크고 작은 예쁜 화분이 있으면 모아서 내게 준다.

 유기 화분을 진찰하고 분갈이하거나 거름을 주고 기르다 보면 식물의 생장 변화에 놀라기도 하고 감동할 때가 많다. 필요한 곳이나 예쁘다고 탐하는 사람이 있으면 함부로 버리지 않겠다는 다짐을 받아 내고 화초를 나누어 준다. 누군가 잘 키워 준다면 고마운 일이고 아까울 게 없다. 숨을 늘리는 일이다.

 개인 정원이나 숲을 가꾸어서 사람들에게 숨을 나누어 주는 사람들을 나는 무척 좋아한다. 나무나 숲은 하루아침에 심어지고 이루어지는 게 아니다. 긴 시간 인내와 땀이 흙 속에 심어져야 가능한 일이다. 그들에 비하면 나의 행위는 조족지혈이다. 한 포기 식물에서라도 숨을 토해 낼 수 있고 생명을 이어 갈 수 있으면 그것으로 족하다.

  사람들이 좋아하는 역세권이나 도심 중심지보다 산이 한눈에 들어오는 곳으로만 세 번 이사 했다. 베란다 창문을 열어 커다란 산의 숨이 베란다에 뿜어져 들어오면 식물도 나도 숨을 크게 들이마신다. 오늘도 산은 커다란 얼굴을 들이밀고 아파트 베란다를 기웃거린다. 사시사철 새소리를 들려주고 변화하는 계절의 풍경과 자연의 소리는 덤이다.

  올여름 매미는 방충망이 나무인 듯 매달렸다. 작은 숲을 위한 노래라며 나를 향해 목청 높여 울다 날아갔다. 유기 화초들은 나에게 숨의 소중함을 일깨워 준다. 식물이든 사람이든 태어나면 죽기 마련이지만 어떻게 죽느냐가 중요하다. 누구든 가지고 태어난 책임을 다했을 때의 죽음은 아깝거나 두렵지 않다. 살아가야 할 식물이 때가 되기 전에 버려지고 죽는 것은 숨을 차단해 버리는 일이다.

  나는 오늘도 무면허 초(草)의사 명찰을 달고 진찰을 나선다.

배달 사고

사람들 숨소리까지 감지되는 열다섯 가구 작은 동네다. 주말 시골집에 오니 집 마당에 동네 사람들이 모여 있다. 우물물 대신 도시처럼 수돗물 공급을 위해 배관 매설 공사 작업 중이었다. 동네 사람들의 시선이 나에게로 집중이 되었다.

사람들은 아버지 얼굴과 내 얼굴을 번갈아 바라본다. 심상치 않은 분위기가 감지되었다. 군에서 온 한 통의 편지 때문이었다. 우체부는 최말순에게 온 편지를 같은 동네 어른인 최말준 씨 집으로 배달해 버렸다. 개봉 후 편지 주인이 아니라는 걸 안 사람은 겸연쩍은지 동네 사람들에게 친절한 설명까지 해 가며 그 편지를 아버지의 손에 전해 주었다.

아버지는 보수적인 분이시지만 늘 점잖고 목소리가 커지는 법이 없었다. 어긋나게 야단하는 적도 없다. 그런 아버지를 동네 사람들은 어른으로서 늘 존경했다. 편지에 관해 묻거나 변명조차 할 수 없었고 편지는 내 손에 들어오지도 않았다. 어디서 온 편지인지 대충 짐작이 갔다. 그 편지로 인하여 나는 아버지 앞에 꿇어앉아 훈시를 들었다.

당시는 연애를 하면 부모님은 집안에 큰일이라도 나는 줄 알았다. 딸들이 연애 없이 중매결혼하는 것을 당연하다고 여겼다. 큰언니와 셋째 언니는 중매로 결혼했지만 둘째 언니는 집안의 엄격한 규칙을 어기고 연애했다. 언니는 사귀는 남자가 아니면 절대 시집가지 않겠노라고 당돌한 선언을 했다.

아버지는 가문이나 체면을 중시하였다. 과년한 딸이 조신하지 못하고 나대며 연애 결혼하는 것을 부끄러운 일이라 여겨 매우 난감해하였다. 그러면서 집안 체면 유지를 위해 매파를 내세웠다. 연애가 아닌 중매결혼으로 비밀스럽게 포장하여 둘째 언니는 시집을 갔다.

직장 초임 시절이었다. 두 선배 곁에서 외부에서 온 전화를 받아 업무 담당이나 상사에게 플러스된 전화기로 연결해 주는 일과 경리 회계 업무를 익히는 중이었다. 내 책상 위에는 5007번과 5008번 수동식 다이얼 전화기 두 대가 놓여 있었다.

어느 날, 전화벨이 울렸다. 약국이라며 "D 제약 아닙니까?"라고 한다. 잘못 걸려 온 전화였는데 목소리가 멋진 중저음 바리톤의 음성이다. 아니라고 하면서 나는 선배의 지시에 따라 차분하고 친절한 목소리로 전화를 받았다. 그렇게 시작된 중저음의 매력 있는 목소리는 내 목소리가 예쁘다며 가끔 자주 일부러 전화를 걸어 왔다. 무례함이나 거부감이 없었으므로 얼마간 대화가 이어져 갔다.

 서로에게 두려움 없는 호기심이 생길 즈음 퇴근 후 함께 만나자고 하였다. 이미 사무실 선배도 통화 내용이나 분위기를 잘 알고 있는 터였다. 우리 팀 세 사람과 상대편 두 사람이 카페에서 처음 만났다. 목소리만 듣다가 통화 시작 6개월 만에 마주한 얼굴이다. 군대 가기 전 형님네 약국에서 잠시 아르바이트 중이라고 했다. 시골집이 같은 면 소재지 산 너머 옆 동네 사람이었다. 그는 우리 동네 신설 중학교 2회 전교 회장인 한해 선배의 형님이었다. 세상은 넓고도 좁았다. 그는 키가 훤칠했고 편안한 인상의 호감형이었다.

 그를 처음 대하는 내 감정은 유선 전화기 대화에서처럼 자연스럽지 못했고 어색하고 어려웠다. 터실터실한 벽 안에 감춘 내면은 담담한 채로 굳어져 좀처럼 대화에 끼어들지 못한 채 겉돌았다. 은은한 조명 아래 처음인 세 사람의 대화는 자연스러웠다. 집에 와서는 후회가 되었다. 부끄러움인지 내숭인지 자신에게 느낀 어려움이었다.

 첫 만남이 있었던 며칠 후 전화가 왔다. 퇴근 후 그는 약국으로 나 혼자 잠시 들러 달라고 부탁했다. 버스로 세 정거장이다. 주저했지만 못 이긴 채 마음은 이미 대답하고 있었다. 그곳에는 은비녀로 쪽진 나이 든 분이 앉아 있었다. 그는 나에게 시골 어머니라고 소개해 주었다. 나는 당황했고 그녀는 나를 찬찬히 살펴보고 있었다.

다음 날 오후였다. 평소와 다른 목소리다. 다급한 듯 떨리는 목소리다. 국방의 의무를 다하기 위해 입대 중이며 진주의 어디 무슨 기차역이라 했다. 기차에 오르기 전 공중전화라고 하였다. 군대 가서 편지한다며 갑자기 시골집 주소와 나의 이름을 묻고 있다. 그는 아직 내 이름을 모른다. 그냥 최 양이라고만 알고 있다. 그는 전화기 너머로 나의 이름과 주소를 다시 확인했다. 기차의 기적 소리와 함께 그는 멀어져 갔다.

농담처럼 장난처럼 거짓말처럼 들렸는데 현실이었다. 그러면서 왠지 마음이 내려앉았다. 나도 몰래 두 줄기 눈물이 볼을 타고 흘러내렸다. 왜 울고 있는지 나는 나에게 뜬금없는 이유를 설명하지 못했다. 그는 떠났고 기적 소리의 여운은 길게 오래 남았다.

몇 달 후 훈련이 끝나고 배치된 부대에서 그가 처음 보낸 편지였다. 우체부가 배달 사고를 일으켜 남의 집으로 배달되었다. 손 한번 잡아 보지 못했고 연애다운 연애도 못 해 보고 동네 사람들에게 연애 스캔들만 일으킨 셈이다.

그가 떠난 후 허전했다. 그의 목소리가 그리워졌다. 〈초원의 빛〉 영화 속 여주인공 윌마가 마음 놓고 드러낸 첫사랑의 열병이 부럽기까지 했다. 먼저 결혼한, 한때 연인이었던 버디를 만나고 뒤돌아서며 윌마가 읊었던 시를 읊조렸다. 첫사랑의 아픔과 슬픔을 삼킨 W. 워즈워스의 시 〈초원의 빛〉은 나의 시가 되어 영화 속의 주인공처럼 슬픈 눈빛으로 땅이 꺼져라 한숨만 길게 내쉬었다.

아버지가 안 계신 여러 해가 지났다. 아버지의 책상 서랍 속에서 노란 편지 봉투가 여러 장 얌전히 포개져 있었다. 서로의 마음에 다가서지 못한 마음의 침묵이다. 아버지로 인해 나에게서 답장이 없자 차단된 마음을 그는 알 수 없었을 것이다. 전역 후 나를 찾지 않은 그였으므로 진정한 사랑이 아닐 것이라 단정한 그였으므로 나는 그를 잊었다. 서로 표현하지 못한 사랑은 사랑이라 우겨도 자신에게 갇힌 고독한 슬픔과 후회를 남길 뿐이라고 했듯이.

너를 지우다

연락이 없었다. 퇴원해서 집에 가면 전화한다더니, 기다린 두 달이 어느덧 2년을 넘겼다. 혹시, 전화를 했다가 네가 받지 않으면 너의 죽음을 확인하는 것일지도 모른다는 생각에 몇 번이나 전화기를 들었다 놓았다 했다.

현주라는 이름의 친구다. 사회에 첫발을 들였을 때 처음 만났다. 현주의 여드름을 치료하러 피부과를 따라다녔고, 주말이면 산과 공원에도 같이 가고 영화를 함께 보기도 했다. 서로의 미래에 대해 많은 이야기도 나누었다. 마음이 고우면서 여린 친구였다. 어깨를 나란히 하고 손을 잡고 둘이 다정히 서 있다. 그건 빛바랜 흑백 사진일 뿐이다.

어느 날 현주는 함안 시골집으로 간다고 한 후에 소식이 끊겼다. 서로가 시골집에 살았고 지금처럼 전화도 핸드폰도 없었던 시절이라 연락처를 주고받지 못했다. 헤어진 후 문득문득 생각났지만 긴 시간 잊고 지냈다.

7월의 어느 여름이었다. 나의 연락처를 어떻게 알아냈을까. 현주에게서 연락이 왔다. 보고 싶다고 했다. 반가움과 놀라움으로 단숨에 달려갔다. 그동안 어떻게 살았을까, 무슨 말부터 할까, 수많은 생각들이 겹쳤고 가슴이 콩닥콩닥 뛰었다. 이제 만나면 사는 날까지 많은 이야기를 나누고 얼굴도 자주 보아야겠다며 마음먹었다. 20대에 헤어진 친구를 50대에 다시 만나는 것이다.

 현주를 다시 만나게 된 곳은 울산 원자력 암 병동이었다. 배가 부른 현주는 겨우 숨을 몰아쉬고 있었다. 힘주어 웃을 수도 없고, 혼자서는 옆으로 몸을 뒤척이고 움직일 수도 없었다. 힘없이 누워 있을 뿐이었다. 푸른빛이 감도는 푸석한 얼굴의 눈가에 눈물이 고였다. 겨우 손을 잡을 수 있을 뿐이었다. 불안한 생각이 들었지만, 아니라고 애써 믿고 싶었다.

 그녀에게는 연년생 언니가 있다. 남아선호 시절에도 아버지는 아들을 굳이 바라거나 부러워하지 않을 만큼 두 딸만을 귀하게 키웠다. 현주가 22살 되던 해, 가볍게 알고 지내는 동네 사람이 군에서 휴가를 나왔다. 그녀에겐 데이트가 아닌 예의상의 만남이었다. 일방적이고 격한 애정 공세에 놀라 반항하자 혈기 왕성한 젊은 남자의 거친 손이 청초한 난의 꽃대를 단숨에 꺾어 버리고 말았다.

 깨어나 보니 여관방이었다. 남자는 그동안 현주를 사랑했었다며 결혼하자고 했다. 현주는 되돌릴 수 없는 순간의 상황을 저주했고 몸부림쳤다. 남자는 군에 복귀했고 단 한 번의 사고로 현주는 임신했다. 불러 오는 배를 부여잡고 강물에 몸을 던지고 싶은 충동을 수없이 느꼈다고 한다.

지금은 혼전 임신을 당당히 혼수로 여긴다. 형제간의 혼인 순서만 바뀌어도 집안 수치로 여긴 그 시절, 현주 아버지는 불러 오는 딸의 배를 보며 친척과 동네 사람을 볼 면목이 없다며 충격으로 쓰러졌고 이듬해 돌아가시고 말았다. 뱃속 아이 때문에, 마음에도 없는 결혼을 한 현주는 아버지에 대한 죄책감으로 늘 괴로웠고 의도치 않게 탈선해 버린 인생행로에 늘 우울해했다. 아이가 자라면서 분노와 체념이 되풀이되었지만, 마음 깊숙이 자리한 화의 근원은 뽑히지 않았다. 평생 용서되지 않는 마음을 안고 살았다.

해감하듯 현주는 지난 삶을 토해 내고 있다. 고해성사하듯 좀 더 일찍 너의 아픔을 토로하고 그걸 내가 들어 주었다면 비단결 같은 너의 마음이 지금처럼 멍들고 병들지 않았을까? 지상에서의 마지막 얘기일 것 같은 너의 이야기에 이제껏 힘들었다고 믿어 온 내 삶은 아무것도 아니라며 흐르는 눈물을 감추었다.

현주는 아랫배 통증이 심하여 병원 응급실을 찾았고 진찰 결과 자궁암이라 하여 급히 동네 병원에서 수술을 받았다. 수술 후 회복되지 않고 배의 통증이 계속되어 암 전문병원으로 옮겼더니 예상하지 못한 간암이라 했다. 연이은 두 번의 수술로 기력이 쇠진하여 힘없이 누워 가쁜 숨만 몰아쉰다.

집은 부산에서 가까운 김해라고 했다. 시댁이 농사를 지어 땅을 일구며 살았다고 한다. 꿈꾸던 삶이 나락으로 떨어져 속상하고 수치스러워 일체 연락을 끊고 숨죽이며 지냈다고 한다. 슬하에 남매를 두고서도 아직 남편이 원망스럽다고 했다. 젊은 날의 엄마를 쏙 빼닮아 있는 딸은 엄마의 상처를 아는지 모르는지 저만치서 남자 친구와 웃고 있었다.

 7월의 여름은 더웠다. 일주일 후 몸에 감기지 않을 까슬한 홑이불을 하나 챙겨 들고 다시 병실을 찾았다. 별 차도가 없어 보였고 곧 숨이 멎을 것 같았다. 아닐 거란 생각으로 머리를 세차게 흔들었다. 이제 병원은 그만 오라고 했다. 곧 퇴원할 거라며 집에 가면 전화한다고 했다. 집 전화번호와 핸드폰 번호를 받았다. 퇴원 후 집으로 너를 만나러 꼭 가겠다는 약속도 했다.

 현주는 아이들 속에 있는 내가 부럽다고 했다. 아프지 않은 삶이 어디 있으랴. 내 속을 헤집어 너에게 보여 줄 수 없지만 내 삶도 아팠다고 말하고 싶었다. 하지만 검은 그림자가 드리워져 풍전등화인 현주의 마지막 모습 앞에서는 그럴 수 없었.

 혹시나 차도가 있어 퇴원하였을까, 걱정도 되고 궁금하기도 했다. 두 주 후에 전화를 걸었다. 신호음만 들릴 뿐 받지 않았다. 두세 번 더 연락해도 마찬가지였다. 병원에 가는 것도 연락하는 것도 현주의 생사를 확인하는 것 같아서 두렵고 불안했다. 두 주가 두 달이 되고 두 달이 두 해를 넘겼다. 그 후 3년을 더 기다렸지만 끝내 연락이 없었다. 이제 현주의 이름을 지우고 보내기로 했다. 삭제를 누르니 현주의 이름이 내 핸드폰에서 순식간에 사라졌다.

 처음 마주했던 가족의 죽음은 삶에서 가장 큰 슬픔이었다. 친구의 죽음은 삶의 끝이었다. 이제 바라본 죽음은 이승에 묶인 끈에서의 자유다. 새의 완전한 자유와 비상처럼 나는 무시로 떠날 준비를 하고 있다.

계란프라이 세 개 사건

작은 선물이다. 귀엽게 생긴 투명 병 속에는 하얀 소금과 볶은 통깨가 나란히 가득 채워져 있다. 일상생활에 늘 사용하고 눈에 띄는 물건이라 가벼운 의미로 덤덤하게 바라보았다.

깨소금: 깨 볶으며 행복하게 살겠습니다.
소금: 소중하고 금쪽같이 아끼며 행복하게 잘 살겠습니다.

신랑 신부가 혼인 서약하고 행복하게 잘 살겠다는 다짐이 앙증스러운 병 속에 들어 있다. 의미를 되새기니 더욱 깜찍하고 귀여우면서 융숭한 맛과 느낌이 난다. 직장 동료 신혼여행 선물을 딸이 들고 온 것이다.

소금은 신뢰와 부와 정화의 상징이다. '세상의 소금이 되어라.' 꼭 필요한 사람이 되라는 뜻이다. 동양에서는 소금을 하얀 금이라 여기며 귀하게 다뤄 왔다. "평안 감사보다 소금 장수가 낫다"

라는 옛말이 있다. 러시아는 귀한 손님이 오면 소금과 빵으로 맞이하였고 로마에는 급여를 소금으로 지급하였다. 유럽 사람들에게 세계 3대 거래 품목이 황금, 소금, 노예였다. 최후의 만찬 그림에 유다 앞에 놓인 소금 그릇이 엎어져 있는 것은 배신의 의미가 담겨 있다.

결혼 적령기가 없어졌다. 비혼이 늘고 있다. 결혼하여도 출산 양육의 부담은 꺼리고 있다. 혼인을 인륜지대사로 여겨 자녀 출산과 양육은 대를 잇고 부모에게 효도하는 것이 사회통념으로 당연시되었던 시절도 있었다. 이제 결혼 문화는 크게 변곡선이다. 나라에서 출산 장려 정책들이 쏟아져 나와도 어머니 되기를 거부하고 있다. 기성세대들은 우려하면서도 사회 현상으로 담담히 받아들이고 있다.

남산타워 쇠 철망 위에는 형형색색 수만 수천 개 자물쇠가 채워져 걸려 있다. 연인들의 굳은 사랑의 맹세와 변치 말자는 약속들이다. 행복한 미래를 꿈꾸고 해와 달을 바라보며, 찬란히 빛나는 별빛 아래서 서로의 미래 언약에 전율하며 설레었을 청춘 남녀들이다. 약속의 징표는 아직도 풀리지 않은 채로 진지했던 주인공들의 마음을 간직한 채, 도심의 지붕과 빌딩 숲을 내려다보고 있다. 그들의 마음은 풀리지 않은 채로 아직도 유효할까.

노란 장미 한 다발을 받았다. 그는 어깨를 으쓱하며 힘주어 말한다. "국제 여성의 날을 맞아 장미꽃 사 주는 남자 있으면 어디 한번 나와 보라고 해." 하마터면 나의 비웃음이 입 밖으로 튀어나올 뻔했다. 나는 속으로 남편을 향해 "웃기고 계시네"라며 코웃음을 쳤다. 아직도 예전의 그를 향한 불신의 마음을 덜어 내지 못하고 있다. 함께하자던 파뿌리 맹세는 늘 동상이몽에다가 물과 기름 같았던 그때를 지워 버리지 못하고 그 시간에 머물러 있다.

시어머니가 아픈 이유로 초여름에 서둘러 결혼하였다. 결혼 후 첫 생일을 며칠 앞두고 시골에서 친정어머니가 큰 형부를 앞세우고 시댁으로 오셨다. 초대도 아닌 깜짝 방문에 긴장되었다. "안사돈, 나는 내 딸을 참으로 귀하게 키웠소. 막내딸을 몇 달 못 보는 동안 보고 싶어 애가 타서 죽는 줄 알았소. 설 명절 때는 친정에 꼭 좀 보내 주시고 생일날만큼은 미역국을 꼭 챙겨 주세요" 하며 두 손을 부여잡고 당부하는 주름진 어머니 얼굴이 애절하다.

그러고 보니 결혼 후 첫 추석 뒷날에 먼저 도착한 세 명의 언니가 내게 친정에 언제 오느냐고 차례로 전화를 걸어 왔지만 갈 수가 없었다. 장손 집안 손님치레와 시어른이 아프시니 이러한 상황과 맞물려 집안 교통정리 권한이 없었던 남편 입장으로서는 나를 데리고 친정으로 갈 수가 없었다. 딸 집에 하룻밤 주무시지도 못하고 두고 간 보따리 속에 든 찹쌀과 팥, 미역을 바라보니 마음이 울컥하여 남편이 미웠다.

구정 일주일 전이 내 생일이고, 구정 하루 전날이 시부 생일이다. 어른의 생일을 앞두고 내 생일을 위해 스스로 미역국을 끓이지 못했다. 친정어머니가 들고 온 보자기 속의 찹쌀과 미역으로 시부의 생일상을 차렸다. 시집와서 20년 동안 내 생일은 늘 없었다. 분위기가 그랬다. 단 한 사람 그에게서도 내 존재감이나 배려는 기대하기 어려웠다. 친정엄마는 생전에 아흔이 될 때까지 미역국 끓여 먹었냐며 내게 물어 오셨다.

시어머니는 결혼 7년 만에 얻은 귀한 첫아들이라며 남편 손에 물 한 방울도 묻히지 못하게 했다. 부엌은 아들의 출입 금지 구역이었고 때론 아들이 부엌에 들어갈까 봐 부엌방에서 지켜보기도 했다. 부모의 지나친 자식 사랑이 예의도 배려도 없는 아들을 만들어 그의 배우자를 힘들게 하였다. 시동생이 장가를 갔다. 신세대답게 밥상을 옮겨 주고 부엌에서 설거지를 도와주며 아이들을 챙기는 살가운 모습을 보고도 남편의 행동과 사고는 쉽게 변하지 않았다. 한겨울이면 엄마를 위해 부엌의 쇠솥에 늘 군불 지펴 더운물 데워 놓는 따뜻한 아버지의 모습과 딸들을 자상히 챙겼던 그 마음이 아련히 얼마나 그리웠는지 모른다.

결혼 초에 잊어버릴 수 없었던 사건이 있다. '계란프라이 세 개 사건'이다. 남편과 둘이 먹는 밥상이었다. 반찬으로 계란프라이 두 개를 했다. 함께 자리에 앉기도 전에 남편이 후다닥 두 개를 먹어 치웠다. 두레상에 가족들이 앉아도 숭늉 떠 오고 자리에 앉으면 내 몫의 반찬은 사라지기 일쑤였다. 그래도 남편은 둘이 있으면 아내를 챙겨 줄 줄 알았는데 아니었다. 양이 모자랐나 싶어 다음에는 세 개를 만들었다. 이번에도 세 개를 다 먹어 치웠다. 몇 년 후 사소한 감정이 모여 폭발하던 날, 오래전 계란프라이 세 개 사건으로 시비를 걸었다. 나에겐 큰일이었지만 그는 아무렇지 않게 말했다. 하나 더 만들어 먹으면 되지 뭐가 문제냐 하는 것이다. 계란프라이를 못 먹은 게 억울해서가 아니라, 나를 눈곱만치도 배려하지 않는 남편이 너무 미워 꼴도 보기 싫었다.

지금 생각하면 아주 사소한 문제이지만, 그날 후로 나는 그 일을 마음속에 꽁하게 간직했다. 너만 귀한 아들이냐, 나도 귀한 딸이라며 그를 노려보았고 사소한 문제에도 거품 물고 지구인과 외계인이 되어 무수한 날을 서로 충돌했다. 제삿날이면 친구를 데려와 막걸리 상을 차리게 했고 친구 가족들 캠핑 때에도 아이 손잡고 경험은 고사하고 맥주병만 끌어안고 있었다. 양보와 배려는커녕 불신과 미움이 쌓여 갔다. 나의 변화보다 그의 변화를 바랐다. 결국 나는 그를 포기했고 한동안 대화가 단절되었다.

불혹에도 변화가 없던 그가 지천명을 넘어서면서 조금씩 변화를 보이기 시작했다. 이순이 되면서는 180도로 변화되었다. 비로소 그는 옆을 바라보았다. 나 몰래 세차를 해 주거나 주유소에 가서 기름을 넣어 놓기도 했다. 뒤늦게 다 큰 자식을 챙기고, 퇴근 후 가스 불을 먼저 켜고, 생일날 미역국을 매번 끓여 주었다. 눈 뜨면 가장 먼저 나를 살피고 챙기는 든든한 보호자의 역할을 하고 있음에도, 나는 그의 진심을 알지 못해 계란프라이 세 개 사건을 끄집어내어 걸핏하면 그를 습관처럼 반격하고 있다. 이제는 그의 허물을 지워 버려야 한다. 젊은 날의 한때 나의 낡고 비좁은 마음속 미운 기억들도 말끔히 털어 내야 한다. 늦은 나이지만 그의 진심과 나의 불신은 화해해야 한다.

서로 다른 남남이 만나 부부로 평생을 함께 살아 낸다는 것이 결코 쉬운 일이 아니다. 오랜 시간을 함께해도 서로 통하지 않으면 헤어지기도 하고, 다름에도 이해하며 끝까지 함께하기도 한다. 어느 삶도 결코 정답이라 할 수 없는 것이 결혼 생활이다. 동상이몽으로 산다 해도 초심을 지킨 백발 노부부의 모습은 그 자체로 존경스럽고 아름답다.

산불

　잠시 갈등한다. 핸드폰으로 찍어 버릴까. 달리는 앞차의 열린 창문에 운전자 손가락에 끼어 있는 담배꽁초를 주시한다. 신호등에 걸려 잠시 차가 멈출 때는 더 예민해지고 신경이 곤두선다. 담배꽁초를 또 길바닥에 던져 버리려나, 앞차의 파파라치가 되고 싶어진다.
　일상의 무심한 생활 습관은 버릇이 되어 큰일을 내기도 한다. 가끔 뉴스에서 보도되는 산불은 길을 가던 사람이 담배꽁초를 무심히 던져 발생하는 경우가 많았다. 길게 불 띠를 이루며 열흘 동안 산을 태운 강원도 산불의 원인도 달리는 차에서 던진 담뱃불일 거라며 조사 중이라 했다. 장거리 운전을 하다 보면 산불로 검게 탄 흔적의 산들이 눈에 띄기도 한다. 밤낮으로 산이 불타는 모습을 TV 뉴스로 보며 속상하고 안타까웠다. 제발 비라도 내려 주었으면 하고 간절히 빌었지만, 비 소식은 없었다. 항상 산불이 일 때면 촉각을 곤두세운다.

어릴 적 고향에서 보았던 무서운 불길의 기억이 스멀거린다. 동네 꼭대기 집에 사는 네 살배기가 소죽 끓인 가마솥 아궁이에 부지깽이로 불씨를 휘저으며 장난하다 초가지붕을 모두 태웠고, 그 아이는 얼굴에 심한 화상을 입었다. 약국도 병원도 없는 시골이라 제대로 치료받지 못한 아이 얼굴은 일그러지고 입술도 뒤틀려 버렸다. 장난으로 시작한 불이 한 사람의 인생을 깡그리 앗아 갔다.

주말이면 시골집에 내려간다. 처음에는 마당과 가꾸는 텃밭만 눈에 들어왔다. 두 해가 지나니 동네가 천천히 눈에 들어오기 시작했다. 동네가 눈에 들어오니 앞산과 뒷산이 보이기 시작했다. 어릴 적, 친구들 따라 나무하고, 갈퀴로 갈비 긁어모으고, 도토리 줍고, 산나물 캐고, 망갯잎 따고, 진달래 따서 먹고 놀았던 산이다. 할머니 품속같이 품어 주고 무엇이든 내어주는 산이었다.

내가 살았던 동네는 논이나 밭보다 산이 더 많았다. 농사만으로 많은 자식을 건사하기 힘들었던 부모님은 아이들을 키우기 위해 산에서 고사리와 버섯도 따고, 철마다 산나물 채취도 하였다. 여름이면 망갯잎을 자루 가득 따서 같은 크기로 여러 장을 포개어 지푸라기로 묶어 단을 만들어 돈을 만들기도 했다. 망갯잎은 방부 효과가 있어 소금에 절여 망개떡을 싸거나 일본으로 수출한다고 했다.

연탄이나 전기, 가스 등 연료가 보급되기 전에는 산에서 대체 식량이나 난방을 위한 나무를 베어 아궁이에 불을 지펴 밥을 하고, 소죽을 끓였다. 월동 준비로 집집이 처마 밑이나 굴뚝 주변에는 장작더미가 높이 쌓였다. 아낌없이 주는 나무처럼 산은 사람들에게 많은 것을 내어주었다.

도시로 이사 간 후 친척이 부모님 산소에 성묘를 왔었다. 담배를 태우려고 불을 붙이다 무심코 건초 더미에 던진 성냥개비는 바람을 타고 무덤과 소나무 산을 태운 적이 있었다. 동네 사람들이 도랑물을 퍼 나르고 솔가지로 두들겨 간신히 불은 꺼졌지만, 까맣게 그을린 봉분을 보며 친척은 고인의 몸을 손상한 듯 놀라고, 불효한 듯 죄책감으로 근심하는 모습을 보았다.

산불이 나고부터는 어른들의 산에 대한 감시와 통제가 심해졌다. 나무하러 가는 큰아이들의 주머니를 뒤지거나 살피면서 당부하기도 했다. 모두가 조심한 탓인지 그 후 산불은 나지 않았다.

시골 동네 산에 밤농사를 많이 지었다. 한때 일본에 수출하고 가공식품으로 인기가 높았다. 논농사나 밭농사로는 큰 수입원이 없자 어느 농가에서 밤농사를 시작했다. 농가의 소득으로 자리 잡으면서 산주들은 소나무를 베어 내고 밤나무를 심었다. 사계절 울창하던 소나무 숲이 사라지고 밤나무가 빽빽하게 들어섰다. 동네 뒷산에는 소나무보다 밤나무가 더 많다.

불은 우리 일상생활에 필요 불가결이다. 아무리 강조해도 지나치지 않는 것이 또한 불조심이다. 산불 소식은 눈으로 보고 이내 잊히는 하루의 뉴스거리가 아니다. 산은 사람의 숨이고 숲이고 고향이다. 산불 소식이 들리면 검은 연기로 눈이 따가워지고 몸에 화상을 입은 것처럼 화끈거린다.

 작은 동네에는 논밭보다 산이 더 많았다. 자식들이 살림을 날 적마다 할아버지는 논 몇 마지기를 떼어 내고 산 한 정씩 얹어서 자식들을 분가시켰다. 넓은 들판이 아닌 작은 들녘이다. 농사만으로 많은 자식을 건사하기 힘들었던 부모 세대들을 지켜본 자식 세대들인 장남과 장녀들은 돈을 벌어 잘살기 위해 대부분 도시로 떠났다. 동생들 학비며 집안을 일으켜 세우는 데 많은 희생을 했다. 논밭을 일구는 몇 배의 노력으로 삶을 일구었고, 고생은 당연한 것처럼 여겼다. 덕분에 자식의 자식 세대는 가난이 사라졌다.

 야트막이 누운 동네 뒷산은 아이들의 놀이터였다. 큰아버지 집 뒤 대나무밭을 지나면 폭신한 잔디가 넓게 깔린 곳에 있던 커다란 묵은 무덤 위를 무서움 없이 미끄럼 타며 놀았다. 놀다가 허기를 느낄 때면 산을 뒤졌고 나뭇잎을 접어 오각도 옹달샘 물을 마셨다. 아이들 소리가 시끄러우면 "이놈" 하고 큰아버지의 불호령이 떨어지는 날도 있었다. 장남에 대한 예우와 위세는 대단했으므로 물려받은 논밭과 산이 많아 큰아버지는 동네에서 목소리가 최고로 컸었다.

 동네 낮은 산은 사시사철 아이들에게 간식거리를 숨겨 둔 보물 창고 같았다. 이른 봄 꽃샘추위에도 산기슭에는 진달래가 흐드러지게 피었다. 콧물을 달고 진달래 꽃잎을 따 먹은 아이들의 입술은 파랗다. 찔레나무에 돋은 토실한 새순을 분지르면 독 오른 가시는 작은 손등을 아프게도 찔러 댔다. 산자락에 널린 뱀딸기는 달았다. 머루, 산딸기, 콩알만 한 빨간 벌똥 열매는 익기 전에 먹으면 단맛보다 쓴맛과 신맛이 더 강했다. 먹거리가 귀하던 시절이라 신맛 쓴맛도 달고 맛있게 먹었다.

가을이면 동네 아이들은 어른들이 시키지 않아도 산에서 대소쿠리 가득 도토리를 주워 집으로 날랐다. 마르기 전에 가장 큰 것을 골라냈다. 공기놀이로 대장 하나를 허공에 띄우고 하나씩 둘씩 늘려 가며 다섯 개를 작은 손안으로 쓸어 모으는 묘기를 부렸다. 구슬치기하는 아이들의 손에서 굴러다니는 도토리는 반질반질 윤이 났다.

아이들이 모아 온 도토리를 어른들은 평상에 늘어 말렸다. 껍질은 방망이로 두들겨 벗겨 내고 알맹이는 말려 가루를 내어 며칠을 물에 불리어 떫은맛을 우려내었다. 가마솥에 끓여 도토리묵을 만들어 겨울 식량에 보태고 나무 함지박에 담아 동네 잔칫집에 보내기도 했다.

구들장을 놓는다고 산을 파헤쳐 돌을 캐냈고 철길을 낸다고 집을 짓는다고 수많은 소나무를 잘라 내었다. 부모님 생이 다하고 마지막 이부자리를 펼칠 때도 산은 받아 안아 품어 주었다. 산은 동네 사람들의 생계를 위해 아낌없이 많은 것을 내어주었다. 동네 어른들이 산자락에 흙 이불 덮고 자리를 펼 때도 산은 말없이 그들을 거두어 주었다.

도심의 사람들은 생활 속에서 지치고 상처받은 마음의 치유를 위해 산을 오르고 숨을 쉬기 위해 숲을 찾아 나선다. 도시로 떠난 시골 사람도 어린 시절에 가난을 뒤돌아보고 싶지 않을 때가 있겠지만 결코 산과 숲을 외면한 것이 아닐 것이다. 마음 안에 숲이 있어 고향이라 부르는 언어를 따라 언젠가는 산길을 그리워하거나 다시 걸을 것이다.

 어릴 적 살던 동네 산에 오른다. 상처 난 산들이 휴식년에 들어가 길게 드러누웠다. 진달래 무더기가 4월의 산자락을 붉게 물들이고 있다. 출산을 앞둔 산을 지키기 위하여 트럭에 산불 조심 깃발을 달고 면사무소 산불 감시원이 하루에 두 번 방송하며 산을 살핀다.

수선사

 지리산 운석봉 기슭에 자리한 절이다. 우리나라에서 가장 아름다운 정원을 품은 사찰이라는 수식어가 달렸다. 처음엔 벼를 심었던 다랑논에 길을 내고 터를 닦고 용천수로 자연 연못을 만들었다. 마당의 작은 연못에 마음 心이 새겨져 있다.

 하루 세 번 예불을 드리고 평생 수행처는 정원을 가꾸는 일이다. 법당 뜰이 잔디밭이다. 돌, 나무, 풀 한 포기를 눈에 거슬림 없이 편안하게 제자리에 두듯 심어 가꾼다. 연밭에는 시절 인연이란 팻말이 달려 있다. 연못에는 물에 강하다는 너도밤나무로 사람 人 모양의 산책길을 만들어 놓았다. 누구든 이곳에 와서 편안히 쉬어 가라는 마음밭 같은 편안한 정원을 품은 도량이다.

 남매가 나란히 승복을 입었다. 군 복무 중에 병으로 엄마가 돌아가시고 얼마 안 되어 교통사고로 형제의 죽음을 바라보게 된다. 화목한 가정이 파탄이었다. 어린 여동생은 그 충격으로 인생 무상함에 회의를 느껴 출가했다. 군 제대 후 여동생 마음을 돌리려고 오빠는 운문사 사리암을 찾았다. 추운 겨울 손이 갈라지고 터져 가며 수행자로서 고행의 길에 들어선 그 마음을 이해하기 어려웠고 되돌릴 수 없었다. 스물아홉에 결국 자신도 먹물 옷으로 갈아입었고 수선사 주지 스님이 되었다.

오래전 수선사를 찾았을 때는 조용하고 인적이 드물었다. 그때는 산자락에 수국도 없었고, 신발 벗고 들어가는 타일로 만든 호텔식 오성급 화장실도 아니었다. 템플스테이 공간도 생겼고 꽃자리 대신 넓은 힐링 카페도 새로 생겼다. 오랜 시간을 심고 가꾸어 온 덕에, 사람들 발길이 끊이질 않는다. 지난여름에 수선사를 찾았다. 그 더운 열기에도 인산인해였다. 올봄 문학기행으로 다시 그곳을 가게 되었다. 많은 비가 내리고 있음에도 사람들의 발길과 차량 행렬이 이어졌다. 하루에 삼천여 명이 넘는 사람이 이곳을 찾는다니 놀랄 만도 하다.

여름날 꽃자리에서 주지 여경 스님이 유기그릇에 콩고물이 뿌려진 빙수를 손수 만들어 내어주었던 기억이 난다. 스님의 웃는 모습은 맑고 환했다. 수행의 길로 들어서긴 했지만, 그때는 엄마를 잃고 오빠를 잃은 여동생의 슬픔을 눈빛에서 읽을 수가 있었다. 여동생을 바라보듯이 나를 바라본 그 연민의 눈길을 나중에야 더 깊이 헤아려 알 수 있었다.

친구가 처음 수선사를 방문하자고 하던 날, 주지 스님이 여승일 것이라 말했다. 나 역시 절 이름만으로 의심 없이 당연히 비구승일 것으로 생각했다. 고즈넉한 산사 법당의 뜰에 벚꽃이나 수국이 아닌 수선화가 하얗게, 샛노랗게 피어 있을 것이라 상상했다. 마음을 비치며 만상을 헤아리고 거울처럼 살라는 뜻의 법명 '여경'이었다. 그날 수선사로 봄 문학기행을 가던 날도 누군가는 나처럼 여승의 도량일 거라며 말하기도 했다.

내게도 삶과 죽음이란 명제가 해결되지 않았던 때가 있었다. 아버지의 죽음을 받아들이지 못했고, 마음에서 아버지를 보내지 못했다. 어릴 적부터 늘 곁에 있던 아버지가 어느 날 홀연히 사라져 버린 것이다. 목소리가 커지는 법이 없을 만큼 다정다감하고 자상한 아버지였다.

아버지의 잇몸 곁에 단단하게 굳어져 생기는 뭔가를 도시의 큰 병원에서 수술해야 한다는 것이었다. 큰언니가 부산으로 모셔 가 검사를 한 후 입원과 수술을 권하였다. 무슨 염치로 자식에게 폐를 끼치냐며 자식들에게 누가 되지 않게 하려고 아버지는 진료만 받고 시골로 내려오셨다.

시골에는 약국도 병원도 없었다. 맏이인 큰언니만 애면글면 애타 하였고 아버지의 침묵으로 동생들은 심각하게 받아들이질 않았다. 나 역시 별일 아닌 듯 아파도 아버지는 늘 지금처럼 내 곁에 있는 줄로만 알았다. 가려진 병풍 뒤에서 가만히 누운 아버지는 곧 깨어날 것만 같았다.

가슴 치는 슬픔과 후회는 나를 못 견디게 일상에서 내몰았다. 아무것도 할 수가 없었다. 직장을 그만두고 시골집에 틀어박혀 지냈다. 날마다 밭 자락 무덤가를 찾아가 아버지를 부르며 누워 있다가 해 질 녘이면 엄마 손에 이끌려 집으로 오곤 했다.

서점을 찾았다. 비실거리면서도 혼자의 길을 책에서 찾고 싶었다. 사람은 죽으면 모든 게 끝인데 왜 이렇게 살아야 하는지, 죽음으로 남겨진 가족이 이토록 슬프고 괴로운데 왜 결혼하고 자식에게 이 슬픔을 물려주며 되풀이해야만 할까. 인생무상, 삶의 회의라는 그 의미심장함에 사로잡혀 마음이 무거워졌고 미혼으로 절대 이 슬픔을 세습하지 않으리라고 마음먹었다. 《나는 왜 속세를 떠났나》라는 책 한 권을 들고 집으로 왔다. 그 시절 그때의 비구승 행자 생활이 낱낱이 드러나 있었다. 인생무상에 빠졌지만 혹독하리만치 자신을 단련하며 자신을 버려 가는 그 생활에 뛰어들 용기와 모험은 내게 없었다.

그 책 속에 "사랑하는 사람도 가지지 말고, 미워하는 사람도 가지지 말라, 사랑하는 사람은 못 만나 괴롭고, 미워하는 사람은 만나서 괴로우니"라는 부분이 있다. 그때 비로소 두꺼운 집착의 끈을 쥐고 있는 내 모습이 보였다. 불경 한 줄이 나를 옥여 매는 그 집착의 끈을 느슨하게 해 주었다.

낙엽 다비(茶毘)

 10월이 깊어진다. 해는 총총걸음으로 산자락에 숨어들고 벼를 수확한 논이 허허롭게 누웠다. 봄의 변화는 길고 가을의 변화는 짧다. 봄은 잎이 돋고 꽃이 피고 푸른 목피를 키우느라 하루가 길다. 가을의 변화는 떨어지는 한 장의 낙엽처럼 그 움직임이 바쁘다.
 황혼의 마지막 머릿결 억새가 바람에 나부낀다. 곱게 물든 단풍이 이내 져 버릴까 조바심이 인다. 낙엽은 붉은빛 무희의 마지막 몸부림이자 춤사위다. 가을은 우리 모두의 가슴에 시를 품어 안겨 주는 계절이다.
 "시몬, 너는 좋으냐, 낙엽 밟는 소리가." 가을엔 시를 몰라도 시몬을 부른다. 누구나 순수 무명 시인이 되어 빛을 발하는 시기이기도 하다. 바라보는 곳곳에 시가 내려앉는다. 잃어버린 청춘, 열등감, 가슴앓이, 은둔 시인의 깊은 고독이 낙엽을 만나고 허무와 그리움으로 시몬을 찾아 길을 나선다.

가을은 어설픈 풋사랑으로 끝나 버린 첫사랑의 가슴앓이를 기억나게 하고, 삶의 회한으로 하늘을 자주 올려다본다. 날려 보내고, 태우며, 넘어진 나를 세우는 가을에는 두 눈 속에 숨길 수 없는 가슴 시린 눈물이 있다. 지는 노을을 인생의 한 절기에 넣어 삶을 반추한다.

시골집 앞에는 커다란 느티나무가 있다. 어둠이 커튼을 드리우면 별들이 마실 나와 느티나무 꼭대기에 멍석을 펼친다. 별들이 수다 떠는 밤하늘에 나도 은별이 되어 고개 드밀어 별들의 무리에 끼어든다. 추억을 붙들고 시간을 떠나보낸다.

가을이면 동네 느티나무는 자연이라는 이름을 가진 화가의 잦은 붓질로 여러 번 옷을 갈아입는다. 명도와 채도가 높아진 가을 그림전이 끝나면 느티나무잎들은 바람에 몸을 맡긴다. 한 생애가 집약된 편지처럼 화려했던 홍엽은 바래지고 한결 가벼워진 몸짓으로 집 뜨락에 살포시 내려앉는다.

어릴 적에는 아름드리 느티나무 한 그루였다. 동네 어른이 두 그루의 어린 느티나무를 더 심었다. 어느새 몸피가 불어나고 키가 훌쩍 자랐다. 세 그루의 나무는 빈농의 자리를 대신 메워 주며 마을의 수호신으로 우뚝 섰다. 느티나무가 떨군 낙엽이 층을 이루며 쌓여 간다. 대 빗자루로 쓸어 모은다. 발밑에서 사각거리는 나뭇잎을 모으니 흡사 낙엽의 무덤이다.

벼를 수확한 논이 길게 이어진 도랑가에서 성냥을 그어 댔다. 갓 떨어진 낙엽의 조직 심줄은 마른 낙엽보다 단단하여 쉽게 불

붙지 않는다. 한 가닥 가늘게 뿜어낸 연기가 낮게 주위를 맴돌고 나서야 톡톡 불꽃 이는 소리가 난다. 타닥타닥 토닥토닥 소리를 내며 타던 낙엽은 눈물 없는 울음 울며 연기로 날아오른다. 나뭇잎 타는 냄새가 온몸을 휘감았다. 연기와 불꽃은 가장 가벼운 듯 가장 무거운 의식이기도 하다. 낙엽 태우는 일은 경건한 의식에 가깝다. 피어오르는 연기 속에 우뚝 서서 그들의 몸이 완전히 사라질 때까지 하염없이 그 마지막을 지켜보는 것이다.

시인 이효석은 낙엽 타는 냄새를 갓 볶아 낸 커피 향 같기도 하고 잘 익은 개암 냄새 같기도 하다고 했다. 꿈의 껍질을 태우며 시인은 낭만의 상념에 잠기면서도 불의 신 프로메테우스에게 감사와 찬미를 바치며 엄연한 삶의 자세로 되돌아온다.

쌓인 낙엽을 보면 나는 이유 없이 태우고 싶어진다. 남겨진 재는 불꽃의 완전한 소멸이다. 전소하지 못한 채 남겨져 뒹구는 숯덩이가 낙엽 속에 숨어들어 뒹굴고 있다. 나뭇잎 부스러기는 내 삶의 비늘이다. 불탄 나뭇잎의 완전한 소멸을 통해 느껴지는 희열은 비로소 보이는 내 삶의 실체로, 나를 만나는 의식이다.

태우고 또 태우니 재는 더 높이 쌓여 간다. 불꽃이 절정을 이룬다. 불꽃은 진한 물감을 풀어 낸다. 태워지지 않은 그림이 그려진다. 한 여인이 불 그림 속에 살아 움직인다. 평생을 소나무 갈비와 낙엽으로 장작에 불씨를 일구어 무쇠솥을 달구었다. 매캐한 삶의 연기는 옷소매 끝동을 얼룩지게도 했다.

아궁이에 불을 지피며 여덟 식구 양식의 기적을 매일같이 만들어 낸 여인이다. 낙엽을 태우며 이는 불꽃 속에서 가슴 시린 그리움으로 마주한다. 살아생전에 준비 못 한 만다라 그림으로 수놓은 꽃자리 하나 들고 이는 불꽃 속에서 서성인다. 나의 미완성의 그림이 사티어의 행태로 부활하여 불 그림 속에서 살아 움직인다.

　태움은 진한 그리움을 녹여 내는 마음의 치유 같기도 하다. 친정엄마와 더 많은 시간을 함께하지 못한 철없는 막내딸의 한이 낙엽을 태우며 하나둘 풀어졌다. 나를 보고, 듣고, 느끼고, 생각하고, 그리운 대상에게 감기기만 했던 실타래를 풀어내듯 못다 한 언어의 실체를 풀어낸다. 나의 그림 도구는 낙엽이며 불꽃이다. 가을에만 그려지는 나만의 그림이다.

　나뭇잎이 타오르는 절정의 순간이다. 나를 흔드는 소리가 들린다. 불조심 깃발을 단 트럭이 사이렌 소리를 내며 동네 길가에 멈춘다. 초소와 동네를 오가며 연기가 나면 산불 단속 요원이 출동한다. 동네 사람이 나와 산불관리인의 눈치를 본다. 쌓였던 낙엽이 벌써 절반 남았다. 산불 단속 요원은 타오르는 불꽃에 물을 부어 끄기를 바랐지만, 나는 남김없이 다 태우기를 바라고 있었다.

　낙엽을 모아서 태우지 말고 거름으로 쓰라고 한다. 하지만 모아 썩힐 헛간이나 장소가 없다. 나뭇잎 태우는 내 신성한 의식의 방해자는 이미 알고 있다. 헛간에는 이미 소가 없어지고, 거름 무더기가 없어진 것을. 물 대신 낙엽을 날라다 태웠다. 지켜보는 그가 불꽃의 산화에서 커피 향을 맡은 걸까, 삶의 향기를 느낀 걸까. 그것도 아니면 내 태움 속에 그도 태우고 싶은 무언가가 있었던 걸까. 혼자만의 조용한 의식에 나타난 불청객이 갈고리를 저어 가며 나보다 더 진지한 모습으로 낙엽을 태우고 있었다.

면 중학교 후배라는 그는 십 대 일의 경쟁으로 뽑혀 두르게 된 완장이라며 목소리와 어깨에 힘을 주었다. 뭔가 태울 일이 있으면 신고하고 태우라고 한다. 출동하여 안전을 돕겠다며 연락처를 남기고는 깃발을 날리며 떠났다. 불꽃도 점차 사그라들었다.

이듬해 마당가에 커다란 가마솥 아궁이가 걸렸다. 고깔 달린 굴뚝도 높이 세워졌다. 이제는 산불 감시원의 눈치를 보지 않아도 된다. 물들어 사각이는 느티나무의 벗은 옷자락을 만질 수 있고 바람이 마당으로 쓸어 오는 나뭇잎의 흔적들을 마음껏 태울 수 있게 되었다.

낙엽 타는 냄새는 하루 종일 맡아도 좋다. 불교에서는 불에 태운다는 뜻으로 시체를 화장(火葬)하는 일을 다비(茶毘)라고 한다. 육신은 원래 이루어진 곳으로 돌려보낸다는 의미다. 가을마다 낙엽 다비식을 하다 보면 내가 살아온 발자취를 다시 돌아보게 된다. 먼 훗날, 내 삶이 다하여 돌아갈 때 내가 머문 자리에도 오늘 저 낙엽이 탈 때 내는 냄새처럼 향기로운 내음이 피어오를까.

교복 입고 출근했다

충격이다. 아파트에서 무심히 재활용 함에 낸 옷들이 개발도상국에 수출되어 실려 가서 쓰레기 더미로 쌓여 있다. 누군가 입을 것이라 여겨 세탁하여 수거함에 넣은 옷들이다.

우리가 버리는 헌 옷의 5%는 국내에서 소비하고 95%는 컨테이너에 실려 후진국으로 간다고 한다. 미국, 영국, 독일, 중국에 이어 한국은 다섯 번째 헌 옷 수출국이다. 열어 볼 수 없고 골라서 살 수 없으며 무게로 받아 60%는 사용하고 나머지 40%는 강물이나 바다에 버리거나 불태워진다고 한다.

서아프리카 가나에는 일주일에 한 번씩 컨테이너 박스가 도착한다. 생계를 위해 사들인 옷이 태워지면서 검은 연기가 하늘을 뒤덮고 강물에, 바다에 버려진 헌 옷은 폐그물이나 밧줄, 모터에 걸려 미역 줄기처럼 딸려 나온다. 버려진 옷 쓰레기 위에서 소들이 합성 섬유의 옷을 질겅질겅 씹는 모습은 심각한 재앙이다.

아담과 이브의 나뭇잎 옷이 인간 최초의 의복이었다. 현재는 패스트 패션을 넘어 울트라 패스트 패션의 시대다. 유행에 따라 소비자의 기호보다 더 빠르게 신상품이 나오고 있다. 옷은 개인 취향이다. 개인의 스타일에 따라 쉽게 사고 쉽게 버려지는 풍족한 시대에 우리는 살고 있다.

2남 4녀 중 다섯째로 자라면서 내 위로 언니가 셋이었다. 내리 헌 옷은 나이 차이와 덩치가 작은 내게까지 내려오지 않았던 것 같다. 엄마는 재봉틀로 딸들에게 같은 천으로 옷을 만들어 즐겨 입혔다.

결혼하여 큰아이가 유치원에 가면서 살림하는 1층에서 어린이집을 시작하였다. 남편의 실직에도 불구하고 시어른은 며느리가 일하는 것을 반대하였다. 결혼 패물을 전당포에 맡긴 얼마의 돈으로 미끄럼틀과 장난감, 비품을 샀다. 간판을 달고 20명 남짓한 아이를 모으는 데 6개월이 걸렸다. 운영이 안정되어 갈 무렵 시부는 돌아가신 시어머니를 대신할 분이 오셨는데 자식들과 함께 살면 안 오시겠다고 했다.

힘든 상황이었지만 몸이 불편한 시아버지를 두고 살림할 생각은 할 수 없었다. 어렵게 시작하고 준비한 일터에서 강제로 쫓겨나게 된 것이다. 시부는 나에게 얼마의 전세금을 마련해 준다고 하였지만, 준비 없이 갑자기 난감했다. 근처 이사 갈 곳을 찾았다. 구청 복지과 공무원이 은퇴 후 어린이집을 하기 위해 조카를 두어 세를 들어 운영했던 곳이다. 운영 부실로 적자여서 손을 놓게 된 것이다. 그 당시는 지금처럼 무상보육이 아닌 극히 일부 저

소득 가정만 정부 지원이 되던 시절이었다.

 더 넓은 이층집으로 이사한다고 학부모께 공지도 하고 이사 준비를 했다. 이사 갈 집에 전세 중도금을 치르고 잔금을 남겨 둔 상태였다. 이사를 나간다고 하니 집주인이 갑자기 시설 권리금으로 정해진 금액의 두 배를 요구하는 것이었다. 그는 시댁의 건물만 보고 며느리인 내가 부자인 줄 안 것이다. 나는 가난했기에 기막혔다. 진퇴양난이었다. 어쩔 수 없이 원하는 금액을 지불하고 나니 한 칸짜리 방조차 얻을 수 없었다. 어린이집 아이들이 모두 귀가하고 나면 네 명 가족이 모두 교실에서 생활했다.

 이사 후 주인에게 허락을 얻어 어린이집 뒤편에 조립식 방 한 칸을 만들어 아이들과 지냈다. 얼마 후 이웃으로부터 목공소와 붙은 두 칸 독채가 있다며 소개받아 이사를 하게 되었다. 길 아래라 단층집 지하 같은 방이었지만 낡은 벽을 새로 도배하니 넓고 깨끗했다. 그런데 목공소 주인이 톱밥을 넣어 피운 난로를 끄지 않고 퇴근하는 바람에 목공소에 불이 나 우리가 살던 집으로 옮겨붙었다. 너무 놀라서 식구들이 저녁에 맨발로 뛰쳐나왔다. 잠든 밤이었다면 가족 모두 숯덩이가 될 뻔했다. 집에 피해는 없었지만 놀라고 불안한 마음이 진정되지 않아서 집을 옮겨야 했다.

 남동생이 보증을 서고 은행 대출을 받아 작은 아파트로 이사를 했다. 어린이집 아이들은 일하는 부모들의 가난한 아이들이었다. 어린이집에 오는 아이들은 많았지만, 회비는 두세 달 미루는 게 보통이었다. 6개월까지 미루는 아이도 있었고 이사를 가면서

떼먹는 경우도 종종 있었다. 가정 환경이 대부분 어려웠다. 밀린 회비를 달라고 독촉할 수 없는 환경이었고 학부모들의 형편을 익히 아는지라 무어라 하기가 힘들었다.

지금은 무상보육과 교육이 국가 시스템으로 보장되지만 그때는 지자체나 국가도 힘든 시기여서 보육료 지원 대상이 수급자와 차상위 계층 10%만 해당되었다. 어린이집 운영은 늘 빠듯했다. 국가 지원이 20%에서 60%로 차츰 늘다가 무상으로 지원되기까지 오랜 시간이 걸렸다. 인수하기 전 구청 공무원이 투자만 하고 몇 년간 운영 적자로 넘기면서 시설비를 일부라도 건지려고 권리금을 두 배로 요구했던 이유도 화가 났지만 이해되었다.

이사한 아파트 지하에는 재활용 옷을 모아 두는 곳이 있었다. 버리기 아까울 만치 깨끗한 아이들 옷과 어른 옷도 있었다. 새 옷을 사 줄 형편이 안 되어 헌 옷을 골라 주어도 아이들은 투정 없이 새 옷처럼 잘 입어 주었다. 나 역시 모아 둔 옷더미에서 참하다 싶은 겉옷 감색 정장 재킷 하나를 골라 왔다.

세탁 후 그 옷을 입고 어린이집에 출근했다. 구청에 업무를 보고 버스로 돌아오는 길이었다. 창가에 삼삼오오 교복 입은 남학생이 걸어가고 있는 모습이 눈에 들어왔다. 어디서 많이 본 옷차림이었다. 고개 숙여 나를 바라보니 인근 J 남자고등학교 교복을 내가 입고 있는 것이었다. 순간 너무 놀라고 당황해서 두 손으로 앞을 가렸다. 동네 사람이나 학부모가 알아보았을까? 회의에도 공식 모임에도 몇 번이나 입고 나간 옷이었다. 그러나 나를 보고 교복이라 말해 주는 사람은 아무도 없었다.

  지금이야 웃으며 얘기하지만, 그때는 너무 창피해 얼굴을 들 수가 없었다. 그렇게 살았기에 옷을 소중하게 여기며 새 옷을 귀하게 여긴다. 모든 것이 부족할 때는 재활용도 경제적 삶에 많은 도움이 되었다. 낭비를 줄이게도 하였다. 비싼 옷은 아니지만 나는 옷이 많다. 유행 지나 오래된 옷이라도 잘 버리지 못한 탓에 입지 않은 옷도 쌓여 있다. 때론 유행이 되돌아와 다시 입기도 한다.

  내 옷이 쓰레기로 버려지고 태워져 먼지로 날리지 않았으면 하고, 강이나 바다에 버려져서 자연을 오염시키고 환경을 파괴하는 일은 없었으면 좋겠다.

범종에 실어 보낸 그리움

 올겨울은 유난히 추웠다. 환경 변화는 기상 이변을 가져왔고 온도차는 들쭉날쭉 더욱 극심해졌다. 코로나로 얼어붙은 마음이 더욱 움츠린 1월의 어느 추운 날, 친구가 바람 쐬러 경주에 가자고 했다.

 마음이 앞선 탓에 망설임 없이 대답했지만 계속되는 강추위에 후회와 걱정이 앞섰다. 며칠을 두고 고민했지만, 약속은 깨지 못했다. 경주는 이전에 가 보지 못한 한을 풀어내듯 자주 다닌 곳이다. 두 달 전 11월에도 문학기행으로 동리목월 문학관을 다녀오면서 불국사 단풍길을 걸었고 빛이 물에 잠겨 흔들거리는 동궁의 야경을 즐겼다.

 내가 다닌 학교는 신설 중학교였다. 산 아래에는 논둑을 사이에 두고 작은 도랑이 흘렀다. 논을 메워 지은 작은 학교 유리 창문 너머에 직사각형 논들이 길게 펼쳐져 있었다. 운동장은 돌투성이고 학교 주변은 조경이 제대로 이루어지지 않아 엉성했다.

화단에는 붓꽃, 철쭉나무, 목련이 거리를 두고 듬성듬성 뿌리를 내리고 있었다. 뒤뜰에도, 운동장에도 아직 자라서 펼치지 못한 어린 꽃나무들로 드러난 황토가 더 도드라졌다.

조회 시간이 끝나면 작은 대야를 들고 마당으로 전교생이 집합했다. 반별로 구역을 정해 조례하던 네모난 단상에서 운동장 끝까지 자잘한 돌을 골라내 줍기 시작했다. 그렇게 한 시간이 지나면 교복의 먼지를 털고 손을 씻고서야 수업을 할 수 있었다. 2학년이 되면서 돌 줍기와 마당 고르기는 끝이 났다.

음악, 미술실 등 특활실이 없었고 한 학급에 60명씩 두 학급의 교실과 교무실이 전부였다. 가정과 음악은 담임이 없었으므로 미술 선생님과 과학 선생님께 수업받았다. 2학년이 되면서 가정, 음악 선생님이 새로 오셨다. 음악 선생님은 퇴임을 앞두고 부산에서 시골 학교를 자원해서 오셨다고 한다. 음악 선생님이 시골 아이들에게 들려주신 신박한 이야기와 체벌 없는 수업 방식은 특별했기에 지금도 생생한 기억과 따스한 온기로 남아 있다.

2학년 2학기 가을이었다. 학교에서 수학여행을 간다고 했다. 여행지는 경주 불국사였고 그곳에서 하룻밤을 묵고 오는 일정이었다. 참여 여부를 표기하고 부모 동의를 받아 담임 선생님께 제출해야 했다. 며칠을 고민했다. 집안 형편을 생각하니 무리일 것 같아 집에는 말도 꺼내지 못했다.

2학년 수학여행을 가던 날은 1학년, 3학년 선후배의 소풍 날이기도 했다. 수학여행을 못 가고 남겨진 2학년 학생은 소풍을 따라가야 했다. 그동안 공부는 못해도 결석은 한 번도 하지 않았다. 그렇지만 그날은 학교 가기가 싫었다. 더더욱 소풍은 가기 싫었다.

여행을 가지 못한 몇 명의 학생은 우리 담임 선생님과 함께 소풍을 갔다. 2학년 1반 담임과 학생주임 음악 교사가 인솔해서 수학여행을 떠난 것이 의외였다. 우리 담임 선생님은 수학여행을 간 우리 반보다 남겨진 2학년 학생들이 더 마음에 걸렸던가 보다. 1, 2반을 합쳐도 네 명뿐인 남은 학생은 모두 죄인처럼 고개도 들지 못하고 풀이 죽어 있었다.

소풍에서 돌아온 나는 소죽 끓이는 가마솥 아궁이 앞에 쪼그리고 앉았다. 아버지가 돌린 풍로 탓인지, 마른 장작불은 탁탁 불꽃 튀는 소리를 내며 활활 잘도 타올랐다. 부지깽이는 내 마음을 알아차리고 내 손에 들어와 붓이 되어 주었다. 꾹꾹 눌러진 쓸쓸함과 설움을 '불국사'라는 글씨로 새기고 있었다. 무거운 솥뚜껑으로 눌린 가마솥도 속에서 뜨거운 눈물을 흘리고 있었다.

국사 교과서에 실린 흑백 사진의 석굴암은 선명한 컬러사진으로 그날 내 마음에 남아 있었다. 역사 속 김대성을 만나는 일은 더 멀고 아득하였다. 소풍날 이후 책받침에 담긴 불국사 가을 단풍은 그곳에 가지 못한 안타까움이 담겨서인지 더 환상적이었다. 기와지붕과 돌계단에 드리운 아기단풍은 늘 나를 오라며 손짓하고 있었다.

그로부터 24년의 세월이 지났다. 초등학교 5학년인 아들이 경주로 수학여행을 떠났다. 기념품으로 비취색 옥으로 만든 물고기 문양의 목걸이와 옥가락지를 사 왔다. 어릴 때 못 간 수학여행의 아쉬웠던 추억이 스멀거렸지만, 소중하게 느껴지는 선물로 감동을 주었다. 아끼며 오래도록 지금껏 간직해 왔다. 그 후 가 보지 못한 경주는 내게 늘 어떤 그리움이었다. 운전을 하게 되면서 마음의 여유가 생겨 한을 풀듯 계절이 바뀔 때마다 소풍 가듯 경주를 자주 찾아다녔다.

박물관에 오랜 시간 머물렀다. 신라 시대 유물 앞에 걸음을 멈추었다. 아들이 수학여행 때 사다 준 목걸이는 신라 시대 금관총에 묻힌 유물로 모양, 크기, 색이 같은 장식품이었다. 오랜 시간 간직하던 아들의 목걸이 선물이 갑자기 귀한 유물로 여겨진다. 경주 여러 곳의 문화 관광지보다 지루하게 느껴지던 박물관 관람에 새로운 눈을 뜨고 시대별 조상들의 삶과 유물들이 다시 경이롭게 마음에 들어오기 시작했다.

세월이 지나고 보니, 기념일에 가족에게서 받은 값비싼 선물이나 보석은 순간을 채워 주는 기쁨이었다. 특히 비취색 목걸이는 추억이면서 서러운 그리움으로 남아 있는 나의 상처를 다독이는 물건이 되었다. 아들이 선물해 준 비취색 옥 목걸이는 액세서리 서랍에 두지 않고 귀하게 보석함에 담아 소중히 간직한다. 가끔 꺼내어 보며 단발머리의 여중생을 보듬어 어루만진다.

어린 시절 마음에 남겨진 그리움으로 외형적인 모습의 경주만 동경하고 좋아했다. 이제는 마음의 온도와 시선이 달라졌다. 경주 곳곳을 자세히 알아 가는 기쁨으로 속속들이 새롭게 바라보기 시작한다. 석굴암을 내려오며 두드려 본 범종, 사람들은 새해 소망을 빌었겠지만, 나는 은은한 종소리에 지난 그리움과 아쉬움을 실어 토함산 바람에 실어 날려 보냈다.

4부
비상

비상(飛上) 1, 2
사선(死線)
좋은 이웃
나무의 미소
비손
준식이 엄마
몽골로 간 사울이
새들의 잔치 마당
공부하기 딱 좋은 나이

비상(飛上) 1

[성장 과정]

  장손의 첫 손주로 조부모님의 극진한 사랑을 받고 자랐습니다. 부모님은 저에게 자상한 분으로, 교육열이 높았고 장래 희망 꿈에 대해 어린 나의 어린 생각을 매우 존중해 주셨습니다.

  저는 초등학교 때부터 고고학자가 꿈이었습니다. 역사와 관련된 내용에 대해 관심을 보이면 주말에 부모님은 저를 데리고 박물관이나 유적지 방문을 함께 다녔습니다. 가장 먼저 가 본 첫 기억은 공룡 발자국이 있는 고성이었습니다. 불국사, 왕릉, 첨성대, 안압지와 석굴암, 문무대왕 수중릉과 박물관이 있는 경주 주변을 가장 많이 다녔습니다. 가장 멀리 가 본 곳은 강원도에 있는 오죽헌으로, 신사임당과 율곡에 대해 잘 알 수 있었습니다.

  내가 가장 행복했던 기억의 시기는 사진 속에 담겨 있는 초등학교 4학년 때입니다. 부모님 손을 잡고 기록장에 메모하며 역사와 문화의 발자취를 따라 여행했고 아버지는 저를 위해 방문하는 곳곳의 현장을 카메라에 담아 주셨습니다.

[학교생활과 좌절]

중학교 1학년 사춘기가 오면서 저의 몸에 변화가 왔습니다. 신경과 감정선에 이상이 생겨 도파민 물질이 생성되지 않았고 몸에 근육이 굳어지면서 경직되어 움직임이 내 맘대로 되지 않게 되었습니다. 당당하고 적극적이던 성격은 달팽이 집에 갇혀 버렸고 움츠린 내 모습은 부모님의 근심 걱정이었습니다.

안면 근육이 씰룩거리거나 마비 증상이 생기면서 우울했고 사람을 만나는 게 점점 싫어졌습니다. 치료를 위해 약도 먹고 입원도 해야 했던 중학교 시절이 가장 힘들었습니다. 친구들과 선생님의 배려와 도움으로 고등학교와 전문대 사회 복지학과를 졸업하게 되었습니다.

부모님은 저의 자립을 위해 졸업 후 지역 아동 센터를 열어 주었는데, 얼굴 근육 경련으로 의지와 다르게 표정 관리가 어려워 사람들과의 눈 마주침이 힘들었습니다. 초등학교 저학생들 앞에 나서기가 어려웠고 센터장의 역할을 감당할 수가 없어서 2년 만에 접고 말았습니다. 다음에는 작은 플라워카페 사업장을 만들어 주기도 하였지만, 사람 만나는 일이 여전히 어려워 번번이 실패하였습니다. 대인 기피증으로 그 후 집에서만 오랜 세월을 지냈습니다.

[지원동기 및 입사포부]

　어느 날 중증 장애인을 보았습니다. 나보다 몸 상태가 힘들어 보였는데 열심히 일하고 살아 내는 모습을 보고 감동하였습니다. 나를 다시 보게 되었습니다. 이제는 피하지 않고 극복하면서 적극적으로 저의 주어진 삶을 받아들이고 싶습니다. 무슨 일이든 열심히 하고 싶어졌습니다. 지금껏 부모님 도움으로 살았지만, 사회경제 활동을 하여 부모님께 용돈도 드리고 싶고 저의 삶을 제힘으로 꾸려 가고 싶어졌습니다.

　여기저기 취업문을 두드렸더니 자격증이 필요한 곳이 많았습니다. 장애인 직업전문학교 두 곳을 3년간 수료하고 컴퓨터 활용과 포토샵을 배워 자격증도 땄습니다. 무엇보다 저에게 기회가 주어진다면 무슨 일이든 가리지 않고 하겠다는 마음의 각오와 일이 얼마나 소중한지도 알았습니다. 지나간 시간은 되돌릴 수 없지만, 앞으로의 시간은 소중히 여길 것입니다.

　남들보다 뛰어나지 못해 우등상은 못 받았지만, 유치원 초중고 대학에서 하루도 결석하지 않아 모두 개근상을 받았습니다. 부족하지만 결심하면 끝까지 하는 끈기와 인내력, 성실함이 저에게 있습니다. 좀 늦은 나이지만 지금 이 순간에 최선을 다하는 사람이 되고자 합니다.

　청소하러 들어간 아들의 방, 취업을 위해 책상 위에 놓인 자기소개서다. 불편한 몸으로 살기 위해 고군분투한 아들의 일상들이 파노라마처럼 펼쳐졌다. 장애로 남들의 불편한 시선도, 온갖 고난도 함께 이겨 낸 아들과 가족의 역사가 자소서 한 장에 압축되어 있었다. 한 사람의 인생을 A4 용지 규격 한 장으로 말해야 한다니, 이 문서 한 장의 위력이 대단하고 무시무시하다는 생각이 든다. 말 그대로 자신의 전부를 걸어 볼 정도의 의지와 끈기와 불굴의 노력이 여기에 들어 있어야 한다. '이번에 떨어지면 끝장이다' 하는 심정으로 글자 하나, 문장 한 줄에도 엄청난 공을 들여야 한다. 이제는 썩 괜찮은 직장에 당당히 입사하여 자신의 몫을 톡톡히 해내는 아들이 대견스럽다. 가슴 뜨겁도록 열정적인 취업 준비를 했던 의지의 한국인, 내 아들에게 큰 박수를 보내며 앞날을 축복하고 싶다.

비상(飛上) 2

세상에 나오면서 부러져 버린 날개였다. 날지 못하는 새였기에 날마다 먹이를 물어다 주었다. 서른일곱 해 동안 둥지 속에 가두어 지냈다. 슬픈 피리 소리처럼 어미 새가 노래하면 숲속에서는 늘 비가 내렸다.

어미 새는 아프고 슬프면서도 더 이상 새끼를 지켜 주지 못하는 날을 대비해야 했다. 강가에, 바닷가에, 산을 가리키며 부러진 날개로 혼자 먹이를 찾아 사는 법과 비바람 피하는 훈련을 시켜야 했다. 어미 새가 눈감기 전에 혼자 부러진 날개로 세상사는 법을 아기 새 스스로 알게 해야 했다.

세 번의 겨울이 지났다. 직업 훈련원에서 교육도 받고 컴퓨터 자격증도 따고 실습도 했다. 첫 직장은 장애인 점자 도서관이었다. 취업의 기쁨이 한 달도 채 되기 전에 끝났다. 일을 완벽하게 잘 못하고 느리다는 이유로 그만두라는 말을 감추면서 은근히 권고사직을 유도했다.

잘할 수 있도록 집에서 가르칠 테니 조금만 더 기다려 달라고 사정했다. 도서관을 은퇴한 지인이 사정을 듣고 컴퓨터와 일터에서와 꼭 같은 복사기를 우리 집으로 들고 와서 아들을 훈련시켰다. 담당자가 좋아졌다고 했다. 염려 말라 하더니, 괜찮다고 하더니 집에 온 아들이 "엄마 나 잘릴 것 같아" 하며 이불을 뒤집어쓰고 훌쩍거리고 있었다. 늘 죄인으로 주눅이 든 나는 더 이상 아들을 그곳에 보낼 수 없었다.

 장애인 복지관 주선으로 두 번째 새로운 일자리를 얻었다. 단순직으로 하루에 네 시간을 일한다. 처음으로 직장을 얻어 출근하게 된 것이다. 아들이 독립하고 날아오른 것이다.

 아들의 증상과 오랜 약물치료 기록은 군 복무 면책 사유가 되었다. 친구들이 건강한 아들자식을 군에 보내면서 불안해하는 마음조차 내게는 슬픔에 찬 부러움이었다. 사람은 선천적, 후천적인 이유로 장애를 가지고 태어나기도 하고 사고 후유장해를 입기도 한다.

 사회 보호와 보장을 받으려면 장애등급을 받아야 한다. 장애와 비장애 선을 뚜렷하게 그어야 할 때 나는 그 선을 피하고 싶었다. 인정하고 싶지도 않았다. 시간을 버티어 내면 언젠가는 정상으로 돌아오리란 착각에 빠졌고 절망의 끄트머리 절벽에서도 그 착각은 나의 희망의 끈이기도 했다. 몇 년을 미루고 버티다가 아들이 장애등급을 받던 날, 바윗덩이 하나 내 가슴을 무겁게 짓눌렀다.

 조심스럽게 열 달을 품어 안고 있었다. 첫울음으로 마주해야 하는 기쁨의 날에 너의 날개는 저항 없이 꺾여 날지 못하는 새가 되었다. 너를 이렇게 만든 그 누구를 어떻게 용서할까. 아니 죽어도 용서 못 해. 이마와 가슴에 좌우로 긋는 성호도, 가지런히 살아 내던 내 삶도 무의미해지면서 굳게 믿었던 신도 외면했다.

고통보다 더한 슬픔은 떨칠 수 없는 죄책감으로 너를 바라보는 것이었다. 나에게는 세상에서 가장 소중하고 어여쁜 첫아이였다. 미련하여 너의 날개를 지켜 주지 못해 생겨난 나의 절망의 골짜기에는 먹물 빛 폭포가 늘 나를 아프게 두들겨 팼다.

양수가 터졌다. 아이는 뱃속에서 세상으로 나올 기별을 은밀하게 알려 왔다. 경이로운 첫 생명의 탄생을 기다리며 급히 병원으로 달려가 너를 만나기 위해 성호를 긋고 기도하며 침상에 누웠다. 산실 밖에서 일어나는 일을 나는 알지 못했고 너를 만나기까지는 너무나 긴 시간이 걸렸다. 이건 분명 사고였다.

출산길이 좁아 아기는 쉽게 자궁을 박차고 세상 밖으로 나오지 못했다. 제왕절개 수술을 해야 한다는 것이다. 시가는 몸에 칼을 대어 출산하는 법도가 가문에 없었다며 앞으로도 절대 이런 일이 없어야 한다는 것이다. 시부가 노발대발하여 수술 동의서에 사인하지 못하고 효자 아들은 아내를 산실에 혼자 두고 전화로는 아버지를 설득하기 어려워 집으로 갔다. 무릎을 꿇었다. 대답은 역시나 동의할 수 없다는 거였다. 그냥 낳으라는 것이다. 고함으로 호통을 칠 뿐이었다. 세 아이를 순산한 시어머니 역시 유구무언이었다. 나는 시댁에서 아이도 제대로 낳지 못하는 모자란 부덕의 며느리가 되어 버렸다.

 위험하다는 의사의 설득에도 불구하고 아버지의 뜻을 어기지 못하는 아들은 자연 분만을 해 달라며 의사에게 오히려 사정했다. 무지했고 판단 미숙이다. 결정 장애였다. 위기의 상황에도 기다리면 되는 줄 아는 부모의 무모함에 남편은 오히려 설득당하고 왔을 뿐이다. 어떤 상황이든 자궁 안에 있는 세상의 모든 아이는 시간이 지나면 세상 밖으로 저절로 나올 수 있을 거라 믿었을까.

 부자지간 실랑이는 길어졌다. 보호자의 수술 사인이 없다는 이유로 아기는 자궁에서 오래 방치되었다. 산모는 여전히 졸음과 산통을 이겨 내야 했기에 산실 밖의 사정을 알지 못했다. 태동이 약해지고 아내가 실신 직전에야 비로소 수술에 동의하는 사인을 했다.

 뱃속에서 꺼낸 아기 몸무게가 3.2킬로 추정될 거라는 예상을 넘어 4.2킬로였다. 장시간 산모 금식으로 양수와 영양 고갈 탈진 상태였다. 탯줄을 통해 전달되어야 할 수분과 영양 대신 여린 혈관을 통해 이물질이 뇌에 흡입되고야 말았다. 독한 소독액과 마취액까지 더없는 해를 가한 셈이다.

 신생아는 태어나자마자 머리와 손목에 혈관보다 더 굵은 나비 주삿바늘이 꽂혔다. 이물질이 흡인된 뇌를 세척해야 했고 황달 증세에 혈관 속으로 영양제도 흘려보내야 했다. 산모는 수술 후에 후유증으로 다리 마비와 근육 통증으로 힘든 시간을 보냈다. 뇌로 흡수된 이물질과 황달 치료를 위하여 산모 퇴원 후에도 보름간 아기는 혼자 병원에 남겨져야 했다.

　아기를 병원에 두고 산모 먼저 퇴원하는 날, 의사는 내게 말했다. 뇌에 흡수된 이물질로 인하여, 아이가 자라는 동안 알 수 없는 어느 시기에 신경에 이상이 와서 뇌장애의 후유증이 올 수 있다는 것이다. 의사의 그 한마디는 내 가슴에 비수로 꽂혔다. 아니야, 이건 꿈일 거야. 나는 믿으려 하지 않았다. 하지만 늘 기억되었고, 언제일지 모르는 두려움, 불안을 꼭 껴안고 살 수밖에 없었다. 밤마다 꿈을 꾸었다. 가장 건강하게 느껴졌던 초등학교 시절에 나는 자주 너를 데리고 여행을 다녔다. 꿈에서 깨어날 때마다 깨어나기를 거부하며 몸부림을 쳤다. 아무리 눈을 감아도 눈이 감기지 않았다.

　대학에서 사회복지학을 전공한 아들을 위해 아동센터와 플라워카페를 할 수 있도록 해 보았지만, 혼자서는 안 되었다. 어릴 적 활발하고 당당하던 아들이었다. 중학교부터 갑자기 "엄마 내 몸이, 내 얼굴이 왜 이래요? 내 맘대로 안 돼요" 하는 것이었다. 안면근육이 마비되거나 근육 씰룩거림이 생기면서 대인기피증이 심해졌다. 부모가 하던 일을 접고 아들 곁에서 도와줄 수 있다면 가능했겠지만, 그럴 수 없는 현실이었다.

　아들을 위해 많은 시간을 취업과 독립을 위해 애썼지만, 아들은 마치 달팽이가 집에서 문을 닫고 나오려 하지 않는 것처럼 오랜 시간을 집에서만 지냈다. 아들이 태어나면서 입은 장애로 나는 가족을 미워하고 원망하는 마음을 지우려 해도 지울 수가 없었다. 나는 마음에 박힌 옹이와 죄책감으로 얼마나 많은 시간을 슬퍼하고 아파하며 지냈는지 모른다. 장애인에 대한 인식도 개선되어 가고 복지센터와 일자리도 늘리고 있다. 다만 장애인 맞춤식 일자리보다 현장에 맞는 장애인만 고용될 수밖에 없는 현실의 문턱은 높다.

연수로 열흘 넘게 집을 비웠다. 출근해야 하는 아들을 위해 옷 열 벌을 걸어 두고 갔다. 매일 옷 갈아입고 출근하라며 몇 번을 당부했다. 돌아와서 보니 다섯 벌만 갈아입었다. 땀나는 옷을 그대로 입고 간 날도 있었다. 장기 기억력은 좋으나 단기 기억 장애도 있고 늘 챙겨 주지 않으면 걱정되는 아들이다. 내가 어디를 가든 무엇을 하든 나는 아들이 걱정되어 자유롭지 못했다. 하지만 이제는 아들이 날개를 달았다. 나도 자유롭다.

아들아, 서른일곱에 쓰는 너의 취업이력서로 하여 너는 날개를 달았다. 힘찬 응원을 보낸다. 높이 날지 않아도 좋아. 날아오르를 수만 있으면 되는 거야. 너의 날개는 부러진 것이 아니라 접어 두었을 뿐이란다. 이제 접었던 날개를 펴서 비상을 꿈꾸자. 다시 일어서는 거다. 높이 날지 않아도 좋아. 날아오를 수 있으면 되는 거야.

사선(死線)

만차다. 병원 진료를 위해 주차를 하려니 지상에는 공간이 없다. 주차 요원이 건물을 돌아 주차 탑으로 이동하라고 일러 준다. 주차 탑 출입문에서 거울을 보며 조심스럽게 전진했다. 주차하고 시동을 끄는 순간이었다. 철컥, 셔터 내리는 소리와 함께 철문이 굳게 닫혀 버렸다. 밖으로 나가야 하는데 차가 좌우로 흔들리며 고공 행진을 했다. 암흑 속 허공에 둥둥 떠 있다. 이대로 추락하면 죽을 것 같은 극한의 공포가 밀려왔다. 온몸이 굳어지고 부들부들 떨려 왔다. 어둠 속 알 수 없는 어느 층에서 차가 멈추었다.

사람이 가장 두렵고 무력감을 느끼는 일은 무엇일까. 아마도 대부분 죽음을 떠올릴 것이다. 이제껏 한 번도 맞닥뜨려 본 적 없는 감각, 눈앞에 바싹 다가온 죽음과 대면하면 숨이 막히고 마음과 달리 아무것도 할 수 없음을 느낄 것이다. 누군가는 그 무력감에 좌절하게 되고 또 누군가는 생의 끈을 놓기도 한다. 내 평범한 일상에서 어느 날, 그 무력감에서 헤어나지 못한 때가 있었다.

쇼크로도 사람이 죽을 수 있겠구나 싶었다. 〈장남〉이란 영화 속 한 장면이 스쳤다. 너무 오래된 영화라 전체 내용은 잘 기억나지 않지만, 시골에서 혼자 계신 아버지를 장남이 서울에 모셔와 고층 아파트에서 동거한다. 거취 문제로 며느리와 다른 자식들의 갈등 속에 시골로 되돌아갈 수 없는 상황에서 우리들의 시골 아버지는 천장만 바라보다 생을 마감한다. 이미 시골 전답은 장남이 사업자금으로 유용한 탓인지 아버지는 다시 시골로 돌아갈 수도 없는 현실이었다.

27층쯤 되는 높이에서 크레인 밧줄에 묶인 오동나무 관 하나가 흔들거리며 하강하고 있다. 자식들 때문에 고생만 하고 애간장이 말라 버린 우리들의 아버지가 숨을 멈추고 관 속에 누우셨다. 흔들리며 내려오는 그 관을 올려다보며 장남이 우는데, 그렇게 슬피 울 수 없었다. 좌우로 흔들리며 어둠 속 흔들리는 차체가 마치 못질을 한 관 속에 내가 갇힌 느낌이 들었다. 자동차가 나무 관처럼 흔들리고 있었다. 여차하면 사선을 넘어 버릴 것 같았.

관리인의 실수다. 어처구니없게도 고층 주차 탑에 갇혔다. 병원에 내가 갇힌 사실을 알려야 한다는 생각이 들었다. 정신을 차려 가방을 뒤졌다. 핸드폰이 손에서 미끄러져 바닥에 떨어졌다. 114에 전화를 걸어 D 병원의 전화번호를 물었다. 자동으로 연결된 전화는 대기자가 많아 기다리라고만 하였고 쉽게 연결이 되지 않았다. 직접 교환원이 받지 않고 녹음된 목소리와 "뚜뚜" 하는 통화 중 신호음과 대기 음악이 흘러나올 뿐이었다. 무거운 시간이 얼마나 지났을까. 119가 생각났다. 전화를 걸어 주차빌딩에 갇혔으니 살려 달라고 했다. 여기저기 알려 위험에서 벗어날 수가 있었는데 미련한 건지 당황한 건지 병원으로만 연락하여 꺼내 달라고 한 것이다. 119에서 잠시 기다리라며 확인 전화가 왔다. 반가움에 울음이 터졌다. 상황을 묻고는, 출동하면 18분 후에 도착하니 안심하라며 나를 진정시켰다. 내 호흡이 불규칙하게 느껴졌는지 심호흡하라고 일러 준다.

얼마 후에 다시 전화를 걸어 주었다. 지금 가는 중이며 곧 도착할 테니 조금만 더 기다리라며 나를 다독여 주었다. 한참 후에 도착했다며 또 전화를 주었다. 고층에서 흔들리며 차가 하강했다. 문이 열리고 드디어 차에서 탈출했다. 응급차와 대형 장비 차도 함께 왔다. 일흔이 넘어 보이는 주차 요원이 허리를 굽히며 연신 사죄했다. 다리가 후들거려 걷기가 힘들었다. 두 달간을 밤마다 악몽에 시달렸다.

원무과 직원을 통해 원목 상담실을 찾았다. 사선의 위험 앞에서는 사고는 나 하나로 끝나야 했다. 두 번 다시 이런 사고가 일어나지 않도록 안전사고 예방을 당부했다. 병원 원무과에서 다음 날 전화가 왔다. 사죄와 함께, 주차 요원의 사과 전화를 받으라 했다. 사양했다. 다시 그 공포의 순간을 기억하고 싶지 않아서 통화를 거절했다.

한 주 후 병원에서 전화가 왔다. 아마도 뒤늦게 윗선에 보고된 듯했다. 사고 당일의 상황을 자세히 알고 싶다고 했다. 대표 전화는 몇 번에 걸었는지, 연결 체계에 문제가 있는지, 잘 연결되지 않는 과정에 대해 자세히 알아 연결 시스템을 점검 보완한다는 것이다.

오래전에 복통으로 병원을 찾았는데 종양으로 수술해야 한다고 했다. 일주일 후에 수술 날짜가 잡혔다. 양성인지 음성인지 수술을 해 봐야 안다는 것이었다. 이때 아이들은 고작 7살, 5살이었다. 암인가 하여 무서웠다. 어린아이를 두고 죽음을 맞이할까 싶은 마음에 혼자 일주일을 울었다. 목소리가 변하였다. 집안 정리를 하고 옷장 정리도 했다. 빚이 있나 살폈더니 빚은 없었다. 혹시나 깨어나지 못하고 죽을지도 모른다는 생각에 주변 정리를 했다.

수술 하루 전에 친구가 내 손을 끌었다. 다른 병원으로 가서 다시 초음파 진료를 받았는데 종양이 안 보인다는 것이었다. 믿을 수 없었다. 2차 진료, 3차 진료까지 받아도 없다는 것이었다. 타 병원 진료 기록을 들고 다시 수술하기로 한 병원에 가서 재검으로 확인했는데 오진이라는 것이다. 어찌 그럴 수가 있느냐고 따졌어야 했는데 다시 얻은 목숨처럼, 수술하지 않아도 된다는 상황에 더 안도했다.

병원의 오진으로, 또 주차빌딩에 갇히게 된 사고로 놀란 가슴은 쉽게 진정되지 않았다.

생명을 가진 사람이라면 누구에게나 찾아오는 마지막 순간을 '죽음'이라고 말한다. 유한할 수밖에 없는 인간의 숙명이기에 죽음을 두려워하거나 기피하지 말고 마주 봐야 할 그 순간을 염두에 두어야 할 것이다. 만약 내가 어떤 병으로 몇 개월 시한부 판정을 받았다면 지금 하고 있는 일들 중 꼭 해야 한다고 생각하는 것이 몇 개나 남을까. 사선을 밟았다가 살아온 내게는 오늘 이 시간이 너무도 소중하기에 이 세상에 내가 남길 것이 무엇인지, 진정한 내가 되는 것이 어떤 것인지 진지한 화두를 던진다.

집을 나가게 되면 습관처럼 정리하는 버릇이 생겼다. 주차 탑에 갇히게 된 날 이후부터 주변 정리를 더 철저히 하게 되었다. 사선을 밟게 되는 그날이 어느 순간일지 모른다. 준비 없이 떠나게 되면 어질러진 모습을 보이게 되므로 마지막 모습은 말끔히 정리가 되어 있었으면 하는 마음에서다.

좋은 이웃

 같은 아파트, 같은 층에서 우린 701호와 702호로 나란히 살았다. 어느 날, 702호에서 문자가 날아들었다. "좋은 이웃으로 살다가 낼 이사 갑니다. 섭섭하지만 다음에 기회 되면 또 봐요."
 5년을 함께 지냈다. 아파트 옆집으로 이사 오던 날 팥시루떡을 들고 우리 집 벨을 눌렀다. 이웃으로 잘 지내자며 그가 먼저 인사를 건네 왔다. 부부가 우리와 비슷한 나이다. 나는 고향이 진주이고 그는 사천이다. 같은 서부 경남 사람이라며 정 있게 지내자는 그녀는 무척 살가웠다. 시골서 농산물이 올라오면 그도 나도 나누며 이웃사촌으로 잘 지낸 것 같다.
 다음 날 출근길, 옆집에 들렀다. 짐 꾸러미가 복도와 거실에 가득 차 있다. 서운한 마음을 나누었다. 그리 멀지 않은 옆 동네로 이사 간다고 종종 만나자고 한다. 이사 올 때 인테리어 공사를 한 덕분인지, 깔끔하게 사용해서 그런지 이사 가는 집 분위기와 다르게 말끔하다.

먼저 옆집에 살다 간 사람하고는 이웃이었지만 서먹하게 지냈다. 복도에서 마주치면 예의상 인사만 건넬 뿐 서로 조심스러워하며 담을 쌓은 이웃으로 거리감을 두고 지냈던 것 같다. 가장 가까이 살면서도 서로 아는 게 없었고 알려고도 하지 않았다.

702호는 정겹게 다가온 이웃이었다. 먼저 마음을 열었다. 주말에 아파트 공원 산책 후 현관에서 마주했다. 자기 집에 차 마시러 가자며 내 손을 이끌고 사는 집을 먼저 구경시켜 주었다. 얼떨결에 옆집으로 따라가 집 구경도 하고 차도 마셨다. 이사 오면서 인테리어를 새로 하여 집은 화이트 톤으로 밝았고 카페처럼 깔끔하고 예뻤다. 베란다엔 화초가 가득했다. 좋아하는 취미도 비슷했고 두 사람 모두 시골 출신이라 정서의 공감이 많았다.

자기 집 구경을 시켜 주고 우리 집을 궁금해했다. 나는 난처했다. 일하느라 바쁘다고 늘 어질러 놓고 사는 이유도 있지만, 여기저기 몇 번 이사할 때마다 편하게 지낸 이웃이 없어 어색했다. 생각해 보니 마음이 닫혀 있었던 이유인 듯했다. "다음에 정리 좀 하고 초대 한번 할게요"라며 한참을 미루다 언제부턴가 서로 대문을 열고 격의 없이 지냈다.

옆집 여자의 남편은 두 팔이 의수다. 차 한잔을 혼자 마실 수 없다. 아내는 한 모금 마시고 남편의 찻잔을 들어 남편 입에 대어 주며 한 모금 마시게 해 준다. 생각 없이 더운 차를 내어놓았다. 시원한 매실차나 오미자차도 있는데 순간 잊어 버렸다. 다시 마시기 쉬운 차를 내올까 하는데 그녀가 손사래를 친다. 한전에 근무하던 40대의 나이에, 전기 공사 중 고압 감전 사고로 두 팔을 잃었다고 한다. 어깨까지 신경이 절단되어서 손으로 할 수 있는 일은 아무것도 없다. 세수도, 식사도, 화장실도, 외출도 모든 것이 혼자서는 불가능하다. 의수를 하고 장갑을 끼고 다닌다. 양팔을 움직일 수 있는 힘이 없다. 아내 도움 없이 혼자서는 참으로 힘든 상황이다. 가까운 외출이나 집 주위 공원 산책 때에는 출입문 비밀번호를 누를 수 없어 신을 벗고 발가락으로 누르거나 누군가를 기다리고 섰다.

두 집 다 화초 기르는 것을 좋아해 자주는 아니지만 석대에 있는 화훼단지나 이기대 공원을 함께 산책하기도 했다. 네 사람은 가끔 식사도 하며 그렇게 좋은 이웃으로 정들며 잘 지냈다. 주말에 한 집이 서로 시골 가는 날이면 핸드폰으로 연락하면서 서로의 일상을 바라봐 주기도 했다. 아들이 결혼하게 되어 이사한다고 했다. 민폐인 듯하여 청첩장을 주지 않았다고 한다.

옆집은 남편 사고 후에 퇴직금과 보상금으로 생활해 왔다고 한다. 짐을 줄여서 가는지, 늘려서 가는지, 아니면 결혼한 아들 내외와 같이 살게 되는지, 남편을 위해 혼자 산책이 가능한 좀 더 편한 동네로 가는지 등 이사 이유를 물어보지 못했다. 본인이 얘기하지 못할 사정이 있는 듯했지만, 힘들어하면서도 내색하지 않았기에 구태여 묻지 않았다.

그녀는 잠시라도 남편 곁을 떠날 수 없어 했다. 가끔 문틈 사이로 새어 나오는 그녀의 하이 톤 목소리에 오히려 더 질러라 하며 마음으로 응원해 주었다. 건강한 사람도 가족과 부대끼며 살다 보면 울화통 터지는 일이 있기 마련이다. 그녀도 나도 대문을 닫고 집에 있으면 목소리가 밖으로 새어 나왔다. 옆집이나 우리 집이나 같이 힘든 시기였기 때문에, 마음 놓고 서로 목소리를 높였던 것 같다. 그러다 현관에서 마주치면 서로 너무 잘 이해하는 듯 편하게 웃곤 하였다.

옆집이 이사 간 다음 날부터 빈집의 인테리어 공사가 시작되었다. 엘리베이터 안에는 보름간 공사를 한다는 안내가 붙어 있었다. 드릴 망치 소리가 꽤 시끄러웠다. 우리 집이 공사하는 집이냐고 인터폰을 통해서 시끄럽다며 위아래 층에서 연락이 오기도 했다. 멀쩡한 문짝들이 떨어져 나오고 화이트 중문이 블루 색으로 다시 바뀌었다. 철 대문도 교체되었다. 공사 기일 일주일을 더 넘긴 후에야 공사가 끝난 듯 조용했다. 안은 알 수 없지만 열린 대문 사이로 보이는 해바라기 그림이 카페 같았다.

출근길에 대문을 열고 나오니 손잡이 고리에 포장된 파이 한 봉지가 걸려 있다. 그동안 공사한다고 시끄럽게 해서 미안하다는 메모지가 들어 있었다. 옆집에 새로 이사 온 가족은 어떤 사람인지 아직 잘 알지 못한다. 복도에서 마주치면 가벼운 인사만 했을 뿐 새로 이사 온 이웃을 보면 아직 서먹서먹하다.

전에 살던 옆집 여자가 이사 후 두 달 정도 지났을까, 전화가 왔다. 집도 정리되고 하였으니 집에 놀러 오라고 한다. 아파트에서 함께 살다 이사 가면 끝이려니 했는데 반갑고 고마웠다. 도서관 근처라며 집의 위치를 알려 주었다. 도서관 가는 길에 꼭 놀러 가겠다고 해 놓고 내 나름대로 바쁘게 살다 보니 잊고 지냈다.

생각이 나면서도 또 잊거나 순서에 밀려 멀어진 듯 얼굴을 본 지 오랜 시간이 지났다. 몸이 멀어지면 마음에서도 멀어진다고 했는가. 그동안 잊고 살았다. 마음을 닫아 버리니 잘 지내던 이웃도 멀어졌다.

오랜만에 내가 먼저 전화를 했다. 좋은 이웃을 잃지 않고 싶었다.

나무의 미소

비 오는 날, 나무가 트럭에 몸을 싣는다. 이사 가는 걸까? 아님, 집 없는 설움에 뽑혀 쫓겨 가는 걸까? 뿌리 뽑힌 푸른 나무들이 트럭에 오르며 긴 눈물방울을 떨구고 있다.

마당이 있는 예쁜 꽃집이다. 아침마다 차바퀴가 출근 도장을 찍었다. 창문 내려 눈인사하고 바라보는 뜨락은 눈이 즐거웠고 입꼬리가 올라갔다. 색으로 전해지는 향기는 계절을 뜨락에 옮겨와 풀어 펼쳤다. 나만의 이상적인 플라워카페였다.

인근 낮은 주택가 대부분은 마당이 있는 2층 양옥집들이었다. 몇 해 전부터 한 집 두 집 고층 빌라 다세대 주택으로 변해 갔다. '확장 이전'이란 현수막이 붙는 순간, '아, 이 집도 곧 흙 마당이 사라지겠구나' 하는 탄식이 절로 나왔다. 이사 후 비가 그치고 난 다음 날, 곧바로 공사가 시작되었다. 콘크리트 건물이 부서져 내리고 구겨진 철근과 건물 잔해들이 마당을 두껍게 덮어 버린다. 작은 흙 마당이 흔적 없이 한나절 만에 매몰되어 사라졌다.

정원이 사라지고 마음이 삭막해졌다. 주말에 고성 그레이스 정원을 찾았다. 파스텔 원색의 수국 꽃길이다. 18만 평 규모의 산속, 개인 정원은 수국을 주제로 다양한 소재의 나무를 조화롭게 꾸몄다. 처음 가는 날에 오래 머물지 못해 한 주 후 그곳을 다시 찾았다. 비 오는 날 트럭에 실려 간 그 나무들이 산자락 정원 어디에 뿌리를 내리고 있을 것만 같아 두리번거렸다.

수국을 배경으로 사람들이 연신 얼굴에 미소를 뿜어내고 사진 찍기에 바빴다. 메타세쿼이아 그늘에 길게 이어진 맷돌 징검다리가 정겹다. 아치형 풀꽃 아래는 포토 존을 위한 긴 줄이 이어진다. 소나무 아래 옥잠화 무더기에서 싱그러움이 한껏 뿜어져 나온다. 돌담 위에는 해국의 몽실한 꽃망울이 벙글어 가고 있다. 측백나무 터널은 수채화 한 폭을 그려 낸다. 층층의 돌계단은 어린 시절의 추억을 부른다. 작은 연못에 마음을 빠뜨렸더니 회색 물감이 진초록으로 번지고 있다.

찬찬히 자세히 바라볼수록 조화롭게 정돈된 정원의 숲이다. 긴 잔디밭 카페와 숲속 작은 도서관, 사진 전시실, 교회까지 정원 곳곳은 섬세하면서 깨끗했다. 다른 곳에 있는 여러 정원을 한층 업그레이드하여 눈으로 즐기는 시간보다 마음 산책을 위한 공간이 더 많다.

주말이라 인산인해다. 차들이 즐비하게 주차장을 메우고 관광버스 단체 관람객은 줄을 섰고 사진작가들은 대형 카메라로 연신 셔터를 눌러 댄다. 도시의 빌딩에 사는 사람들이 흙길을 걷고 돌다리를 밟는다. 꽃 내음 풀냄새 나무 내음으로 그들의 도시 옷이 물갈이된다. 산책하는 이들의 모습에서 편안함과 생기가 느껴진다.

출생 인구는 줄고 있지만, 도시의 집들은 높아만 간다. 마당 있는 집과 나무 우거진 집들이 사라지는 대신 차들의 출생 신고가 늘어나고 몸집을 불린다. 도시는 삭막해지고 개인의 욕망이 번식하는 도시 건물은 숲과 멀어진다. 빌딩 위 하늘에 흐르던 은하수와 별빛은 이제 먼 나라 이야기처럼 아득해졌다.

오래전에 동유럽의 한 도시를 여행한 적이 있다. 건물과 자연 환경이 어우러진 이상적인 도시였다. 미래지향적인 삶을 위하여 건물 고도를 제한했었고 개발보다는 보존에 힘을 썼다. 유행 감각을 따르거나 멋을 추구하지 않았다. 하얀 벽과 붉은색 지붕으로 도시의 미관을 살려 도시의 경관은 조화로웠다. 개인의 욕망이 도시 미관을 어지럽게 하지도 않았다. 자연이 품은 원색 도시의 노을빛은 아름다운 장관이었다. 마당이 사라지거나 나무가 뽑혀 나갈 때, 도심의 삭막함으로 숲이 그리워지는 날이면 가끔 그 도시가 생각나곤 한다.

정원이 도면에서 점점 지워져 간다. 흙을 걷어 낸 시멘트 도시는 편리한 주거 문화공간이 늘어나는 만큼 자연과 함께 숨 쉬는 휴식 공간은 사라져 간다. 아침이슬 내릴 풀 한 포기, 나무 한 그루가 자라지 못하고 산에서는 비마저 스며들고 머물 곳이 없어졌다. 당연히 도시의 땅은 열이 나고 공기는 무겁다.

2년간 내릴 비가 물 폭탄을 만들어 이틀 만에 도시의 도로를 삼켜 버린다. 삶의 터전을 휩쓸고 생명까지 위협한다. 빗물은 봇물 터지듯 거리로 쏟아진다. 땅에 내려 흙을 적시고 나뭇가지와 뿌리가 머금고 있어야 하는 빗물이 도시를 삼킨다. 역대급 태풍에 홍수와 장마까지 예측하기 어려운 기상 변화는 불안을 넘어선 공포다. 산업 발달과 산림 파괴로 온실가스 배출량은 증가하고 지구는 태양처럼 뜨거워져 이대로 가다가는 아름다운 하늘을 후손들이 더 이상 볼 수 없을지도 모른다.

빛의 화가 모네의 그림은 강한 색채감이 인상적이다. 자신의 정원에서 자연이 주는 꽃과 나무에서 발견한 보색으로 그림의 색채를 완성하여 걸작을 남겼다. 색채에 대한 완벽한 이해는 꽃에서 구했다. 꽃은 향기로 말을 걸어오면서 사람을 부른다.

살아 있는 나무는 인간에게 있어 심폐소생술과 같은 존재다. 자연의 움직임은 사람에 비교한다면 혈관으로 이어진 심장이라고나 할까. 한여름에 도심의 촘촘한 가로수길과 아스팔트 길의 온도차는 2도의 높낮이를 보인다고 한다. 겨울에 나무 밑에 주차하면 그렇게 춥지 않고 여름에 나무 아래 주차하면 그렇게 덥지 않음을 우리는 쉽게 알 수 있다. 자연은 곧 인간의 마음에 스며든 빛의 줄기이고 생명이다.

그레이스 정원을 만든 주인을 만난다. 정원을 어루만지는 여주인의 스토리텔링은 요약하면 땀이다. 20년 넘는 세월 동안 땅을 고르고 오로지 꽃과 나무를 사랑하는 마음으로 정원을 가꾸며 숲의 향기를 나누고 싶어 했다고 한다. 꽃 한 송이, 나무 한 그루에서 느껴지는 자연을 닮은 아름다운 마음이다.

  몇 달 후, 정원이 사라진 그 자리에 4층 건물이 세워졌다. 앞마당에는 풀 한 포기 자라날 흙이나 화분 하나 놓일 곳이 없다. 나무 대신 자동차가 그 자리를 채웠다. 선을 긋고 차들이 열을 지어 늘어서 있다.

  정원을 만드는 달란트가 없어도 내 생애 삭막하게 느껴지는 그 어느 곳에 백 그루의 나무라도 심어 보기로 작정했다. 휑하게 느껴지는 시골 동네 어귀에 봄마다 나무 심기를 시작했다. 먼저 심은 나무들이 미소를 짓는다. 나무를 심다 보니 작은 동네를 꾸미고 싶어진다. 나는 아직 오지 않은 나의 봄을 기다린다.

비손

달이 차오른다. 비학산 소나무 숲이 검은색 커튼으로 가려진 다. 산들은 어둠을 베고 깊은 잠에 빠져들었다. 삼십팔만 사천 킬로의 먼 거리에서 찾아온 달빛이 깊은 밤에 창문을 두드린다.

달을 보면 나는 엄마 생각이 난다. 산 위에서 달이 쉬고 있다. 둥글고 환한 추석 보름달로 떠오르기 위해 푸른빛 감도는 투명 실루엣으로 감추고 마지막 치장을 하고 있다.

새벽에 동네 사람들이 긷기 전에 엄마는 오각도 샘물을 길어 온 다. 하얀 사발에 정화수로 담아 장독 위에 올리고는 자식들을 위 해 달이 뜨고 별이 뜨고 해가 떠도 자주 치성을 드렸다. 시작 기 도는 늘 "천지신명이시여"로 시작하는 비손의 신이었다.

근로기준법이 소홀했던 시절이었다. 초등학교를 졸업한 큰언 니는 열네 살 그 어린 나이에 견직물 공장에서 일했다. 하루 12 시간씩 주야간 2교대로 일하며 번 돈으로 동생들 공부시키고 가 난한 집안을 일으키려 했다.

시집을 가서는 단칸방에 딸린 슈퍼마켓을 운영하며 부지런히 살아 살림을 모아 갔다. 넓은 집을 늘려 안락한 생활 대신 친정의 동생들과 시집의 시동생들을 위해 나누고 베풀었다. 큰언니는 고생을 너무 한 탓인지 병이 들었다. 뇌종양이었다. 엄마는 딸을 살려 보겠다는 일념으로 수술받은 큰언니를 친정에 데려왔다. 가녀린 희망의 줄을 붙들고 하루도 빠짐없이 장독 위에 정화수 올려 빌고 또 빌었다. 몸이 약해 아이도 품어 보지 못한 가엾은 큰딸, 기력이 쇠해 더는 엄마라고 부를 수조차 없는 큰언니에게 엄마는 손수 지은 삼베옷에 눈물 옷을 더해 마지막 작별을 했다.

도시에 살던 오빠는 엄마가 살던 시골집이 비좁다며 넓은 밭자락에 붉은벽돌로 담을 둘렀다. 마당에 잔디를 깔고, 돌부리 솟은 정원 옆에 작은 차고도 만들었다. 아버지는 농사가 우선이었지만, 오빠는 그림 같은 집이 우선이었다. 오빠의 꿈은 야무졌다. 밀짚모자의 근사한 농부를 꿈꾸며 가난 없이 전원생활을 즐기려고 했다.

창고에는 하얀 스티로폼 상자가 층층이 쌓여 있다. 내일이면 출하될 잘 익은 딸기가 비닐하우스에서 마지막 숨을 고르고 있다. 하필이면 그 밤에 폭설이 내렸다. 수수깡처럼 구겨져 내려앉은 대나무 하우스처럼 오빠의 마지막 희망도 삶도 힘없이 무너져 내렸다.

외환위기에 솟값의 폭락으로 문을 닫을 수밖에 없었던 한우 축사와, 무너진 비닐하우스로 겹친 오빠의 절망 시간은 길었다. 농협의 원금과 대출이자는 눈덩이처럼 불어나 밤나무 산과 논밭 집이 모두 날아갔다. 언니의 목숨값으로 불리고 지킨 가슴 아린 논도 넘어갔다. 절망한 오빠는 한동안 술독에 빠져 지냈다. 엄마가 살던 집과 작은 텃밭은 안간힘을 써서 내가 겨우 지켰다. 엄마의 마지막 삶이었기에 그것만은 포기할 수 없었다.

한학 훈장이셨던 외할아버지는 엄마와 외삼촌 남매를 두었다. 많은 토지와 대궐 같은 기와집, 서당으로 이용하던 향교까지, 남매는 고생을 모르고 자랐다. 자유당 시절 외삼촌은 지역 유지로 정치에 몸을 담았다. 지인 부탁으로 거액의 정치 자금을 대었지만 후원한 당이 대통령에 당선되지 못해 큰 낭패를 보았다.

외삼촌은 불법 정치 자금을 댔다는 이유로 경찰서에 끌려가 옥살이와 심한 고문을 당했다. 출소 후에는 후유증으로 정신 줄을 놓아 버렸다. 밤낮으로 헛소리만 해 대고 집 안에 책이나 종이만 보면 증거를 없애야 한다며 불태우기 시작했다. 심지어 아이들 교과서까지도 눈에 띄면 소각해 버렸다.

외삼촌이 옥살이하는 동안 토지와 전답이 외사촌에게 넘어가 버렸다. 엄마는 사촌 동생에게 여러 날을 애걸해 보기도 하고 어떤 날은 화를 내기도 했지만 소용없었다. 외숙모는 외할머니와 외삼촌을 둔 채 칠 남매 어린아이들을 데리고 부산으로 떠났다. 고래 등 같았던 기와집에서 몰락하여 외할머니와 외삼촌이 작은 초가집으로 남겨져 옮겨졌다. 가슴을 후벼 파는 엄마의 사무친 한을 출가한 딸들이 알까, 장남이 알까, 마음 선비인 남편이 알까.

달빛이 어리면 비손하고 툇마루에 앉아 목울음 울며 한을 삼켰다.

　외삼촌의 몰락과 오빠의 무너진 삶, 큰언니의 죽음을 보며 엄마는 초승달, 하현달보다 보름달에 더 비손을 자주 하며 매달리는 것 같았다. 차오른 달은 엄마의 희망이었고 신이었고 기도였다. 보름달 속에는 엄마의 한이 담겨 있다. 창백한 달빛이 창가에 스며든다.

　막걸리 잔 속에 보름달이 빠져든다. 잔 속에 나의 보름달은 휘저어 목으로 넘길 수 있지만, 엄마의 보름달은 삼킬 수 없다. 이웃 동네에서 논을 빌려 오빠는 다시 일어서 재기에 성공했다. 계절마다 오빠는 딸기, 파프리카, 우엉이며 마늘 자주 보내온다. 아직도 남았는데 또 보내냐며 나는 행복한 투정을 한다. 장성하여 기반이 잡힌 두 아들과 손주 손녀를 바라보며 오빠의 노후는 이제 안락하다.

　오빠가 다시 일어서고 엄마의 친정 조카가 사업가로 크게 성공하게 된 것은 한결같은 엄마의 비손이 있었기 때문이리라. 친정의 몰락을 가슴 아파하면서도 너는 사주가 좋아 크게 성공할 것이라며, 긍정의 힘으로 주술을 걸듯 조카에게 늘 말해 주었다.

　아버지는 좋은 세상 누리지 못하고, 자식 효도를 받지 못했다. 먼저 떠난 삶이 안타까워 말년에 막내딸은 엄마를 오래 붙들고 있었다. 달을 보며 늘 비손하던 엄마가 이제는 차오른 보름달 속에서 환하게 웃고 있다.

준식이 엄마

허리가 굽었다. 동네에 가볍게 다닐 때는 유모차를 밀고 다니고 조금 먼 논밭길은 전동기를 타고 다닌다. 날마다 텃밭을 살피고 논밭을 바라본다. 준식이 엄마의 부지런함은 여전하다. 접힌 허리는 세월의 무게에 눌린 듯 키 작은 모습이 더 작게 보인다.

이양기로 모내기하는 논을 바라본다. 예전에 논갈이 때와는 다르다. 소를 끌며 며칠이 걸린 논갈이였다. 못줄을 옮겨 가며 종일 무논에서 허리 굽혀 모를 심었다. 새참을 내오고 논둑으로 점심을 나르고 논을 옮겨 가며 모를 심었다. 고달픈 삶의 흔적이 회상된다.

처진 눈꺼풀에 검게 탄 주름진 얼굴은 이제 변해 버린 세월을 달관한 모습이다. 큰아들은 주말이면 농사일을 도우러 시골집을 오가며 엄마의 건강을 염려하며 지키고 챙긴다. 도시의 집으로 돌아갈 때면 부모님을 외식시켜 주고 가는 효자 아들이다. 아들이 소고기를 사 준 날이면 엄마는 어김없이 나에게 아들 자랑을 한다. 텃밭에서 수확한 부추, 상추, 오이 등을 신문지에 싸서 자식들에게 보내며 가끔 내게도 한 봉지씩 건넨다. 그 마음이 친정엄마처럼 살갑게 전해 온다.

준식이 엄마는 친정아버지와 시아버지끼리 술자리에서 사돈을 맺었다. 남편의 얼굴도 모른 채 시할머니와 시부모, 7남매의 대가족 장손 집안의 장남에게 시집을 왔다. 시집온 얼마 후 남편은 군대에 갔다. 생존을 담보할 수 없는 베트남으로 파병되었다. 그녀는 어린 나이에 남편 없이 농사일과 시집살이 삼 년을 감내해 냈다.

월남에서 돌아온 얼마 후 남편은 얼굴이 반반한 한 도시 여자를 데리고 왔다. 남편은 부모님의 선택이고 자기 뜻이 아니라며 준식이 엄마를 외면했다. 얼굴이 박색이라는 이유다. 손위 시누이들이 드러내 놓고 인물 없다며 타박했다. 손아래 동생들도 거리감을 두었다. 남편은 못생긴 여자와 평생을 살 수 없다고 싫어하는 기색을 동네 사람들에게도 드러냈다. 남편은 훤칠한 키에 잘생긴 외모였다. 준식이 가족들 모두 외모가 출중했다.

시부모님은 아들이 데리고 온 새 여자를 받아들였다. 한 남자와 두 여자의 동거가 시작되었다. 남편을 사이에 두고 두 여자가 나란히 한방에서 생활했다. 남편이 없는 사이 가족을 돌봐 왔지만, 그 대가는 남편과 가족들의 배신이었다. 아내로서 가장 자존심 상하고 슬픈 일은 남편이 다른 여자를 바라보고 그곳에서 씨앗을 보는 일이다. 하지만 그녀는 남편과 자식들이 어떤 구박을 해도 죽은 듯이 지냈다.

  남편에게 본처는 시부모를 따라 논밭이나 산, 들을 다니며 일만 하는 하녀 같은 존재였다. 고된 시집살이를 할망정 남편의 사랑이 있었다면 그리 비참하지는 않았으리라. 후처는 들일 대신 집 안에서 시할머니 고무신을 짚수세미로 뽀얗게 닦아 놓거나 어깨도 두드려 드리고 말벗이 되어 주며 시할머니 마음을 얻었다. 본처보다 사랑받는 작은 손주며느리가 되었다. 한 해를 그렇게 살았다.

  본처를 시골에 두고 남편은 후처와 방을 얻어 도시로 나갔다. 본처 입장은 환장할 노릇이다. 남자가 딱히 경제력이나 기술, 학벌이 있는 것도 아니었다. 번듯한 인물 하나가 전부였다. 남자의 인물에 반한 새 여자는 남자의 무능력에 반기를 들었고 결국 멀리 떠나 버렸다. 남편은 본처 곁으로 돌아왔다. 바람기도 잠잠해지는 듯했다. 첫 손주를 낳았다. 시부모는 손주를 안겨 준 못난 며느리를 그제야 인정해 주었다.

  4남매의 엄마가 되면서 농사일과 살림을 잘하는 준식이 엄마는 집안의 복덩이가 되었다. 자리는 굳혀졌고 인정받는 며느리가 되었다. 마흔이 넘으면서 분위기는 역전되었다. 도리어 아내가 남편에게 큰소리를 쳤다. 남편은 술로 세월을 보냈다. 떠난 여인에게 아들이 하나 있다고 했다. 서로 찾아오거나 찾아가는 일은 없는 듯했다.

  동네에서 술이 생기면 그는 어느 집이든 찾아가 술을 얻어 마셨다. 모든 일을 손과 몸으로 하는 그때의 시골 농사일은 참으로 힘들고 고달팠었다. 수확이 큰돈이 되는 것도 아니었다. 그저 가족의 생계를 유지할 정도였다. 남편은 야망이 꺾이고 경제력도 없고 자주 마시는 술로 알코올 중독자가 되었다. 월남 파병으로 얻은 고엽제 피해와 우울증이 겹쳐서 정신은 점점 피폐해져 갔다. 아내를 타박하고 무시하는 건 여전했다. 술에 취한 남편은 어느 날 농약을 들이켰다. 그동안 힘들게 한 남편이었지만 아내에게 두 번의 슬픔과 배신을 안겨 준 것이다. 고단한 농사일은 평생 준식이 엄마의 몫이었다. 홀로되었지만 자식만큼은 잘 키웠다. 고난의 세월을 잘 견뎌 내어 가정을 지키고 자식도 지켰다. 굽어진 허리는 준식이 엄마의 고단한 상흔이다.

설 명절이면 차례상 지내기 전 새벽에 한복을 곱게 차려입고 동네 집안 어른들에게 떡국을 끓여 세배하러 다닌 동네의 풍습이 있었다. 새색시 적에, 절하러 오면 윗목에 지켜 섰던 나를 아씨라고 불렀다. 이제는 집안 치사며 동네를 지키는 윗자리 어른으로 자리매김하고 있다. 동네 아들딸들은 그녀를 존경심으로 예우하며 바라본다. 새색시 적에 동네 어른들에게도 깍듯이 대했고 그녀가 감내한 세월을 알고 있기 때문이다.

3년 전부터 나는 주말이면 시골에서 작은 꽃밭과 텃밭을 일궈 왔다. 꽃밭 가꾸기는 재미나는데 텃밭은 힘만 들고 결과물은 늘 부실하다. 그녀는 내게 친정엄마가 없다며 농사지은 채소를 자주 들고 온다. 주는 기쁨이 받는 기쁨보다 더 크다는 걸 알기에 반가이 받아 안는다. 준식이 엄마를 보고 오면 엄마를 대신 보고 오는 듯 마음의 위안이 된다. 오래도록 인내하며 시골집 동네를 지키고 있는 그 마음이 든든하고 고맙기만 하다. 고진감래해 온 한 여인의 생(生)이 끊어질 듯 가늘게 아리랑 노래 되어, 고즈넉한 밤의 적요를 뚫고 휘늘어지며 끊어질 듯 가늘게 이어지고 있다.

몽골로 간 사울이

 맑은 눈빛의 아이, 세 살의 사울이를 만난 건 두 해 전 3월 신학기가 끝나 갈 무렵이었다. 그때쯤이면 대부분의 아이가 새로운 환경에 적응하고 교실 분위기도 어느 정도 안정되어 갈 무렵이다. 사울이는 다른 원에 입학하여 한 달 가까이 다녔지만 적응을 어려워하고 낯선 환경에 심한 거부반응을 보여 원을 옮기게 되었다고 한다.
 어머니는 몽골 사람으로 한국인 남편과 결혼하여 한국에 9년째 거주하여 의사소통의 어려움은 없었다. 하지만 사울이는 태어난 지 얼마 안 되어 몽골 외가에 보내졌고 3살까지 생활하다 한국에 오게 되어 모든 것이 새롭고 낯설었다. 또래와의 사회관계가 잘 이루어지지 않으며, 엄마와의 애착이 형성되지 않아 엄마의 존재를 인식하지 못한다. 어머니를 언니 대하듯 하고 때론 무시하는 듯한 태도를 보인다며, 모녀 관계의 서먹함과 육아 문제로 많은 어려움을 겪는다고 했다.

사울이는 친구나 선생님을 부를 때 몽골어를 사용했고 한국어를 몰라 몸짓으로 의사 표현을 했다. 교사는 사울이의 표현을 한국어로 다시 물으며 손짓 몸짓으로 사울이의 어눌한 언어와 표정을 알아내어 친구들에게 통역하듯 대신 전달해 주기도 하였다.

사울이 어머니는 교사와 나에게 질문하는 것을 어려워하지 않았으며 다문화만의 멘토 프로그램과 학부모 참여 수업 등 모든 것에 적극적이었다. 매주 딸을 위해 골라 주는 동화책 두 권을 빌려 가는 날이면 딸에게 선물을 준비하듯 행복해했다. 평범하고 사소한 것이지만 사울이에게는 모든 것이 새로운 일상이 되므로 도움 되는 것은 하나라도 놓치지 않으려 했다. 그러다 보니 몽골 문화에 대해서도 숙지하려 했고 담임 외의 다른 교사도 사울이 모녀를 위해 알게 모르게 도움을 주려 애썼다. 이러한 서로의 노력 때문인지 사울이의 원 생활은 눈에 띄게 달라져 갔다.

사울이의 한국어 실력이 늘면서 친구들과 친밀감 있는 소통으로 잘 지낸 지 6개월이란 시간이 흘렀다. 외할머니는 다시 몽골로 떠나셨다. 사울이는 몽골어와 한국어를 넘나들며 친구들과도 잘 어울렸다. 원에 등원하는 것이 일상의 즐거움이 된 것이다. 자신이 원하는 것을 선생님에게 자연스럽게 표현할 수 있을 정도가 되었을 무렵, 사울이 어머니는 갑자기 외할아버지가 아프셔서 12월 초 몽골에 사울이와 함께 다녀와야 할 것 같다며 당분간 원에 못 올 것 같다고 전해 왔다.

몽골로 떠난 뒤 3개월 후에 해가 바뀌고 그해 봄 3월 말에 사울이는 한국으로 다시 돌아왔다. 전에 함께 지내던 친구들과 만나 같은 반을 하게 되니, 어머니도 사울이도 너무 좋아하였다. 몽골에 있는 동안 한국말을 잊어버렸는지 1년 전 처음처럼 몽골어로만 표현하는 사울이다. 어머니는 사울이가 한국어로 다시 친구들과 의사소통을 잘할 수 있도록 도와 달라고 하였다. 한국말이 완전히 익숙해질 때까지 사울이를 이제는 몽골로 보내지 않을 것이라 하였다. 다행히 조금씩 친구들과 소통하며 한국어를 다시 사용하기 시작한 사울이는 안정을 찾아 가는 듯했다.

10월 어느 날, 아이 하원길에 어머니는 펑펑 울었다. 몽골에 계신 외할아버지가 돌아가셨다며 2주 정도 몽골을 다녀와야 한다고 했다. 2주 후 사울이는 다시 어린이집에 왔다. 아직 사울이는 외할아버지의 부재를 알지 못하는 듯했다. 하지만 어머니의 무거운 표정과 슬픔은 가릴 수 없었다. 자주 울어 퉁퉁 붓고 충혈된 눈을 가리기 위해 선글라스를 꼈는데도 소용없었던 것이다. 사울이의 결석이 잦아지면서 사울이 어머니는 사울이를 다시 몽골 외할머니 곁으로 보내기로 결심했다고 한다. 외할머니가 혼자 너무 적적해한다는 이유다. 6개월 때에 헤어져 세 살에 다시 만난 어머니다. 사울이 의지와 상관없이 어른들의 결정으로 또다시 엄마와 헤어지게 되는 거였다. 친정아버지를 여의고 홀로 외로이 계실 어머니를 생각하며 힘겨운 고민과 갈등이 아프게 전해져 왔다.

6개월 한국에 머물면서 외할머니는 딸과 함께 모텔 청소 일을 했다. 몽골에 있는 남편의 생활비와 병원비를 모으기 위해서였을 것이다. 어머니 역시 그리 넉넉한 삶이 아니었다. 50대의 젊은 나이에 삶이 끝나 버린 친정아버지의 부재로 장녀인 그녀는 얼마간 슬픔에 잠겨 넋이 나간 사람처럼 안절부절못했다. 태어난 지 6개월 만에 어린 딸을 몽골 외할머니에게 보냈고 이제는 가슴에 품고 함께 살고프니 헤어지고 싶지 않았을 것이다. 4살 때는 학기 3개월을 남겨 두고 집안 사정 때문에 다시 한번 사울이와 기약 없는 이별을 해야 하는 상황이 돼 버렸다.

떠나기 전에 먼 훗날 사울이가 한국 친구들과의 생활이 즐겁고 좋았던 기억을 하나라도 더 건져 올릴 수 있도록 해 주고 싶었다. 친구들과 함께한 여러 모습을 담아 코팅하여 사진첩을 만들어 주었다. 슬픈 헤어짐은 가슴 아픈 기억으로 남는다. 사울이의 의지와 상관없이 부모의 처한 상황이 안타까울 뿐이다.

스무 살이 넘는 딸이 있는 가정의 나이 많은 남편에게 시집온 사울이 엄마는 다행히 한국어에 능숙하며 잘하고 생활력도 강하고 다부져 보였다. 아이의 사소한 일상에 세밀히 관심을 가지지만, 대부분 다문화 가정의 엄마들은 어린 나이 20대에 결혼하여 아이를 낳고 한국어만 어느 정도 할 수 있게 되면 돈을 벌기 위해 경제 활동을 위해 일터로 나간다.

아이에게 가장 필요한 건 엄마인데 안정된 정서와 또래와의 사회관계임에도 중요한 가치와 순서에는 상관이 없고, 연연하지 않는 듯 보인다. 안타까워서 살뜰히 챙겨 주고 싶어 대화를 요청하거나 아이를 위한 프로그램이나 참여 수업에도 잘 나오지 않는다. 일하러 가야 하기 때문이라고 어린 엄마들은 말하곤 한다.

　부모의 삶에 떠밀려져 외면해 버리는 아이들의 문제를 교사는 안타까이 바라볼 수밖에 없고 사회 역시 무관심한 듯하다. 한국 엄마들은 자녀에 관한 관심이 지나치다 싶을 만큼 많지만, 목적이 다른 이주 엄마들은 가장 중요한 육아 문제를 제때 해결하지 못하는 경우가 많다. 물론 가족의 배려로 행복해 보이는 가정도 많다. 그나마 젊은 세대일수록 친근감이 느껴질 정도로 살뜰한 가정도 늘어나니 다행스럽다.

　학교에서 따돌림을 받거나 적응이 어려운 다문화 아이들이 학교를 그만두거나 대안 학교를 찾는다는 소식을 가끔 매스컴을 통해 접할 때면 걱정이 앞선다. 관심을 가지고 다 함께 보듬고 가야 할 소중한 우리의 아이들이다.

　몽골에 간 사울이는 어떻게 지내고 있을까? 사울이는 몇 살쯤에야 엄마를 다시 만나 살 수 있을까, 언제쯤 다시 한국에 올 수 있을까. 비행기가 머리 위를 날 때마다 몽골 외갓집에 간 사울이 생각이 난다. 오래도록 자세히 아이들을 바라보고 싶어진다. 바라보는 모든 아이들이 행복했으면 좋겠다.

새들의 잔치 마당

 어릴 적 살던 고향 집 아래채를 허물고 대문과 담장을 걷어 내었다. 마당에 큰 눈이 달렸다. 앞산이 보이고 길가를 오가는 차들도 보인다. 동네 어귀의 정자나무가 가장 먼저 환영 인사를 한다. 이른 봄이다. 옥상 화분에서 자라던 블루베리 나무가 시골집 마당 텃밭으로 이사를 했다. 촘촘히 매달린 분홍색 꽃송이는 꽃샘추위에 꽃잎이 파들파들 떨고 있었다. 휑한 마당이 따뜻한 옥상보다 추워서인지 꽃이 시들해 보였다. 시들하면서도 꽃은 가지에 매달려 잘 견뎌 주었고 열매도 주렁주렁 매달았다.
 산동네 재개발이 진행되면서 지인이 옥상에서 기른 나무와 식물들을 처분해야 했다. 오랫동안 키우던 블루베리 나무 일곱 그루와 보리수나무 두 그루를 잘 키워 달라고 나에게 부탁했다. 식물을 좋아하지만 4층 옥상에서 1층 계단으로 들고 내려가 시골로 옮기는 일이 예삿일이 아니었다. 키워 본 경험이 없는 나무였지만, 나뭇가지에 촘촘히 매달린 분홍색 꽃주머니가 바람에 흔

들리는 모습만으로도 욕심이 났다.

　나무들은 작은 트럭에 실려 시골집 마당에 옮겨 심어졌다. 주말마다 내려가서 마르지 않도록 물을 주고 산성토양에 알맞은 거름을 주었다. 미생물에 발효된 부패한 부엽토가 물 빠짐이 좋고 영양분이 많아 좋다고 하여, 솔밭에 퇴적층을 이룬 갈비 거름을 긁어모아 흙에 섞어 묻어 주었고, 수분 증발을 위해 나무 위에는 왕겨로 덮어 주기도 했다.

　첫해는 나무가 이사 몸살로 열매가 부실했지만, 이듬해 열매는 굵고 튼실했다. 작은 꽃망울이 폭죽처럼 터지더니 주렁주렁 가지가 휘어지도록 많은 열매를 매달았다. 새순의 가지도 길게 뻗어 나갔다. 또, 벌들에게 꽃가루를 내어주고 나비를 날아들게 했다. 나무는 지극정성인 새로운 주인을 알아보기 시작했다.

　꽃 진 자리에 맺힌 작은 열매는 연두에서 분홍으로, 연보라에서 진보라색으로 변하더니 나중에는 까맣게 익어 갔다. 색이 변하면서 열매는 점점 커졌다. 신기하고 뿌듯한 마음으로 수확을 기다렸다. 얼마 되지 않는 양이지만 익은 열매를 수확했다. 수확하는 기쁨과 감동은 컸다. 한 주 후, 두 주 후에는 더 많은 양을 따낼 수 있다는 기대감과 기다림으로 마음이 부풀었다.

　전 주인에게 잘 익은 열매를 선물하고 싶어 새 투명 용기를 준비했다. 꽃을 피우는 모습만으로도 좋았지만, 열매까지 맺는 나무는 더없이 좋았다. 정성껏 농사를 잘 지었다는 칭찬을 듣고 싶고 자랑도 하고 싶었다. 나무를 죽이지 않고 잘 키울 수 있을 거라며 믿어 준 지인이 고마웠다. 수확물을 담아 기쁨을 나누는 것은 당연한 도리라고 여겼다.

시골집에 도착하자 마당에서 참새와 동박새가 포르륵 날아올랐다. 채송화에 벌들이 날아들고, 원추리 산나리는 마당가에서 키를 뻗어 푸른 하늘 쳐다보며 일광욕을 즐긴다. 거미는 앵두나무 가지 위에서 씨실과 날실을 뽑아 주인 허락도 없이 여러 채의 그물망 집을 지어 놓았다. 잔디 위에는 여치, 사마귀가 뛰놀고, 나비는 이사도라 덩컨처럼 맨발의 춤사위를 펼친다. 어린 청개구리는 더위를 피해 잎이 무성한 수국잎 그늘에 들어 낮잠에 빠져든다. 자연이 초대한 손님들이 울타리 안에 가득하다. 시골집 마당은 곤충과 새들, 꽃과 나무들의 집이 되었다.

어느 날, 까맣게 익어 주렁주렁 매달려 있어야 할 열매가 조금씩 사라졌다. 새들의 짓이라는 걸 한참 후에서야 알았다. 집 안에 인기척이 없자 새들이 다시 날아들었다. 블루베리 나무 위아래를 오르락내리락하며 까만 열매만 골라 쪼아 먹고 있었다. 어렵사리 운반해서 온갖 정성으로 심어 가꾼 열매인데 잡히기만 해 봐라, 하며 빗자루를 들고 마당으로 뛰쳐나왔다. 문소리와 인기척에 새들은 호로로 날아갔다.

다음 날 새들이 이른 아침부터 마당으로 모여들었다. 이틀 동안 그렇게 쫓고 쫓기는 실랑이를 벌였다. 내가 없으면 시골집의 주인은 새들이다. 동네 사람들은 그물망을 씌우면 열매를 지킬 수 있다고 일러 준다. 또 누군가는 말했다. 새들에게 양보하고 나누어 먹으라고, 열매를 따 먹는 재미도 좋지만, 새들이 날아들어 노래하는 모습을 바라보는 즐거움이 더 크다는 것이다. 짧은 주말을 지내고 다시 도시의 일상으로 돌아와야 했기에 새들의 잔치를 허락할 수밖에 없다.

 내 것이라 여긴 울타리를 걷어 내고 보니 더 많은 것들이 눈앞에 펼쳐진다. 나비와 날아드는 새들, 꽃들의 미소와 향기, 나무에 살랑이는 바람, 구름, 햇살이 싱그럽다. 욕심을 내려놓고 보면 누구든 함께 살아갈 수 있다. 시골집 마당 주인은 내가 아니라 꽃과 식물과 새들이다. 열매를 지키겠다고 단단히 벼른 새와의 다툼은 나의 판정패로 끝났다.

공부하기 딱 좋은 나이

 늘 이유를 댔다. 동화책이 없었던 유년 시절을 들먹였으며 글쓰기 입문이 너무 늦었다는 핑계였다. 찍어 놓은 불가능의 마침표는 녹록지 않은 글쓰기에 대한 내 변명의 방어적 기제로 마음의 평정을 회복하기 위한 것이었다.

 너무 늦었다는 말은 지극히 인간적이고, 주변의 공감을 얻기 위한 가장 적절한 표현일 수도 있다. 힘겨운 일에 내 나름 최선을 다했는데 생각대로 되지는 않고 주변에 민폐를 끼치는 것 같으니, 제대로 해 보기도 전에 미리 포기하는 것이 과연 옳은 걸까.

학교 가는 대신 고기를 잡으러 가야 했고,
학교 가는 대신 산에 나무하러 가야 했고,
학교가 너무 가고 싶은데 아무도 보내 주지 않았다.
고기 잡느라 나무하느라 못 배운 한글을 나는 지금 배웁니다.
그래도 글을 배울 수 있어 행복합니다.
자꾸 잊어버려도 난 내일도 배우러 갑니다.

단톡방에 올라온 글이다. 이제 글쓰기를 시작한 사람이 일흔이 넘어 한글을 배워 이 글을 썼다. 그는 이제 글쓰기를 시작했고 그의 친구는 문단에 등단한 지 오래된 수필 작가다. 등단한 친구와 이제 글쓰기를 시작한 친구와의 거리는 너무 멀어 보인다. 사회적 출발선을 기준으로 한다면 그럴 수밖에 없는 것이다.

누구에게나 위가 보이고 아래가 보일 것이다. 앞서가는 사람, 뒤처진 사람이 있기 마련이다. 하지만 나를 기준에 맞추는 출발이라면 지극히 정상이라 할 수 있다. 지금 시작한 것은 이미 절반의 완성이다. 나의 인식의 나이에 시계를 맞추면 결코 늦은 것이 아니다.

사람들은 복권 한 장으로 당첨을 상상하기도 하고, 시간을 되돌려 인생을 다시 산다면 하는 꿈을 꾸기도 한다. 지난 시절에 대한 아쉬움과 후회로 설령 사상누각이 될지언정 인생을 재설계하기도 한다. 때론 허황한 꿈이거나 고통의 순간에 맞는 모르핀 효과라 할지라도 그것이 오늘을 버티게 하는 힘이 되기도 한다.

직무 연수 때 여든과 아흔 시기의 김형석 노교수의 강의를 여러 번 들을 기회가 있었다. 그의 나지막하고 다정다감한 목소리는 100세 인생까지 이어졌다. 만약 인생을 되돌릴 수 있다고 해도 젊은 날로 되돌아가고 싶지 않다고 말하던 분이 104세 우리나라 최고령 철학자가 되었다.

그가 강의에서 "젊었을 때는 생각이 얕았고 행복이 뭔지도 모르고 살았습니다. 지나고 보니 인생의 절정기는 철없던 청년 시기가 아니고 정신적 성장과 인간적 성숙을 한 60대 중반에서 70대 중반까지였던 것 같습니다"라고 말할 때 나는 50대였는데 지금 60이란 숫자를 넘겨 보니 공감 온도가 더 높아진다.

그의 저서 《백년을 살아보니》에서 '인생이란 무엇인가'에 대해 "나는 사랑한다. 그러므로 내가 있다는 명제가 가장 적절한 대답"이라고 말했다. 수 세기 동안 만인의 입에 평범하게 오르내리는 명언의 주인공 "나는 생각한다. 고로 존재한다"라고 한 철학자 데카르트는 "배우겠다고 생각하면 외부 세상은 무한대로 열려 있다"라고 말한다. 마음만 먹으면 우리는 책으로 과거 속의 음악가, 예술가, 철학자, 지혜의 스승들을 만날 수 있다. 그 만남 속에서 채움과 비움을 반복하며 나를 바라보게 되고 내 존재감을 키워 가는 끝없는 성장을 하게 된다.

사람은 저마다 태어나면서부터 환경의 지배를 받는다. 운명은 피할 수도, 바뀔 수도 없는 필연인가에 대해 누군가는 그렇다 하고 누군가는 그렇지 않다고 한다. 사람의 의지와 그에 따른 노력은 아무런 소용도 없다는 걸까? 나는 개인적으로 필연적인 운명은 없다는 생각이다. 마지막 남은 시간에 누군가는 어제 심지 못한 사과나무를 심을 것이고, 어제 사과나무를 심은 사람은 오늘 공부를 할 수도 있을 것이다. 예전에는 공부할 수 있는 환경이 부모가 마련해 준 금수저와 흙수저, 무수저에 따라 달랐다. 때를 놓친 시작은 흘러가 버린 물살이었다. 시대적 환경이 그럴 수밖에 없었다. 하지만 이제 세상이 달라졌다. 기차는 다시 오고 강물은 다시 흐른다. 놓쳐 버린 기회와 하고 싶은 일들은 열린 통로와 시간 속에서 얼마든지 다시 할 수 있게 되었다.

 남들이 대부분 먼저 공부하고 일하는 행로를 밟았다면, 나는 일과 공부하는 순서를 바꿨을 뿐이다. 나만의 시계에 따라 움직이는 것이다. 시간적인 순서와 때의 다름은 있지만 성취하는 기쁨이 더 크다. 주어진 기회로 평범하게 뜻을 이룰 수도 있겠으나, 나의 늦은 공부는 남다른 의미와 가치가 있다. 마음에 품고 있던 갈증이 있다면 지금 꺼내어 펼쳐야 한다. 지금은 공부할 수 있는 딱 좋은 시기이니까.

 세상이 좋아졌다. 중년, 노년의 시기를 잘 활용하면 더없는 보너스 인생을 펼칠 수 있다. 사랑하기 좋은 나이도, 공부하기 좋은 나이도 정해진 것이 없다. 마음먹기 따라서 지금 할 수 있다는 것이, 아직 시간적인 여유가 남아 있는 것이 다행이라 여긴다. 중요하다. 멀어 보이던 글쓰기 수필 공부가 시작 전에는 늦었다는 아쉬움과 후회로 가득했었다. 시작하지 않았다면 계속 후회만 하고 있었을 것이고 내면의 성장과 성취의 기쁨을 느낄 수 없었을 것이다.

 숫자는 많은 비극의 씨앗을 잉태하고 분쟁을 낳는다고 했다. 숫자의 좌절을 걷어 내어 보자. 세상의 획일화된 숫자와 누군가의 시계에 따라가지 말고 나만의 시곗바늘에 따라 움직여 보자. 아침 해는 눈이 부시지만, 노을은 아름답다고 했듯이 잦아든 땀으로 몸과 마음이 평온하다. 나의 인생 초점에 시곗바늘을 돌려 맞춘다.

5부
스마일 이즈 마이 라이프

플라스틱 물고기
흔들렸던 우정
목민심서
모비 딕
영영아 보육
김장 잔치
뒤늦은 환갑 여행
크리스마스의 별
스마일 이즈 마이 라이프(Smile is my life)

플라스틱 물고기

깜짝 이벤트다. 캐리어 끌고 남구에서 해운대로 여행을 떠났다. 다이아몬드브릿지 하나만 건너면 된다. 이제껏 기차나 비행기를 타야 멋진 여행이려니 했다. 출렁대는 다리는 자동차를 춤추게 하고 파도타기를 한다. 다리를 건너고 푸른 파도 위를 건너니 해외여행은 해외여행이다.

호텔에 도착하여 캐리어를 연다. 책 두 권과 머플러, 오리털 파카 등 두꺼운 겨울옷들로 가득 차 있다. 해맞이, 빛 축제, 갈매기 놀이, 아쿠아리움, 재래시장, 맛집 투어 등 일박 이 일 연출을 위해 순서를 기다리며 서너 벌 옷들은 옷장 속으로 신나게 걸어가 정렬하고 섰다. 가방 정리를 하고 난 후 투어 순서를 정했다.

먼저 아쿠아리움 관람을 하기로 했다. 유유자적 여유롭게 물고기와 놀았다. 가끔 원아들을 데리고 여러 번 견학을 왔던 곳이지만 사진 찍어 주기, 안전, 버스와의 시간 약속 등을 챙기다 보면 긴장한 탓에 살아 있는 물고기가 눈에 들어오지 않았다. 여유롭게 보니 수족관은 언어가 통하는 다문화 물고기 도시처럼 느껴졌다. 가오리가 비상하는 몸짓이 최고의 멋진 포즈로 선정되어 마음속 MVP 트로피를 증정하고 나만의 기념 촬영을 했다.

 수족관을 나오니 이내 해가 저물었다. 빛 축제를 보려고 해운대 바닷가 모래밭을 향해 걸었다. 12월의 마지막 송년의 밤과 경자년 새해맞이 작별과 새 희망의 교차 시간을 기념하고 축하하려고 가족과 연인들의 발걸음들이 활기차다. 빛 축제는 하얀 모래밭 위에 꼬마전구가 길게 이어져 펼쳐진 푸른빛이 밤하늘의 은하수 행렬 같다. 해운대 밤바다를 향해 쏘아 대는 레이저 빛은 축제에 참석한 사람들을 빛에 취하게 한다. 어둠이 짙어질수록 늘어난 인파로 발걸음들이 촘촘해진다. 초승달 포토 존, 벚꽃나무, 전구 캐릭터 등 조형물 앞에는 사진을 찍으려는 사람들의 분주한 움직임이 긴 줄을 잇는다. 끝에 이르자 하얀 성이 전구 불빛에 빛을 발하고 있다.

 커다란 물고기 한 마리가 모래밭에 서 있다. 그것은 바다와 물고기의 연관 상징인 줄 알았다. 가까이서 자세히 보니 플라스틱 물고기다. 생수병으로 머리와 꼬리, 세제 병으로 몸통을, 폐그물로 지느러미를 만들었다. 고무공으로 만든 둥근 눈알이 내게 무언가를 말하려는 듯 쏘아보고 있다. 온몸 사이사이 우리가 늘 사용하는 다양한 일회용 플라스틱 재활용 폐용기들로 가득 차 있다. 물고기는 크게 벌린 입으로 둥근 어장 부표를 물고 있다. 인간이 버리는 쓰레기에 대한 경고성 빨간불이다.

다음 날 이른 아침, 해운대 모래사장 인파 속에서 해를 기다렸다. 넓은 바다 위에 아침은 포효하는 해를 품어 수평선 위에 올려놓았다. 출렁이는 파도와 모래 위를 넘나드는 하얀 거품꽃도 이 순간 새해의 힘찬 출렁임의 행렬이다. 새해 소망을 빌고 해와의 황홀한 대면식을 마친 뒤 바닷가를 산책했다. 기온은 차갑지만 왠지 포근하게 느껴지는 바닷가를 오래도록 걸었다. 시간의 여유는 만들 수 있는 자만이 누릴 수 있는 사치스러운 낭만이었고 내게 주어진 특혜나 다름없다.

새우깡 한 봉지로 갈매기와 사진 놀이 하며 백사장에서 재미나게 놀다 보니 플라스틱 물고기와 다시 만났다. 지난밤 조명으로 화려하게 보이던 물고기가 아침에 보니 창백하다. 물속에서 자유롭고 한가로워야 할 물고기가 빛 축제 모래밭에 올라와 해양오염으로 살 수 없다고 일어(-魚) 시위를 하고 있다. 물고기는 온몸으로 호소해 보지만 사람들은 외면하고 발길을 재촉한다.

플라스틱은 우리의 일상생활 속에 없어서는 안 될 필수품이 되었다. 일회용 용기들은 곳곳에 넘쳐 난다. 편리하다는 이유로 누구나 자주 이용한다. 커다란 용기는 눈에 띄어 수거와 재활용이 쉽지만 작은 용기와 오염된 플라스틱 제품들은 쓰레기로 처리되어 버려지기 십상이다. 아파트 재활용 플라스틱을 담는 자루는 날마다 넘쳐 난다. 재활용되지 못한 오염된 비닐과 플라스틱은 일반 쓰레기봉투에 담아 버려진다. 마지막 처리 과정이 궁금할 뿐이다.

삶의 패턴과 먹거리 유행이 바뀌면서 사람들은 길거리에서 커피나 음식을 테이크아웃하기 일쑤다. 음식을 담는 용기나 일회용 빨대가 등장하면서 땅과 바다가 죽어 간다. 매년 전 세계에서 800만 톤의 빨대가 해양에 버려진다고 한다. 미국에서 쓰는 하루 빨대 양이 지구 두 바퀴나 된다고 한다. 우리나라는 커피 생산국도 아니면서 가게 창업의 일 순위가 커피점이다. 커피는 이제 우리나라 사람들이, 특히나 젊은 층에서 가장 선호하는 기호 식품이 되었다. 통계에 잡히지 않는 플라스틱 쓰레기와 빨대 양은 또 얼마나 많을까. 플라스틱 빨대 안 쓰기 운동이 일부 국가에서 벌어지고 있고 우리나라 환경단체에서도 동참하는 듯하더니 언제부턴가 주춤해졌다.

바닷속 오염은 매우 심각하다. 폐그물과 생활 쓰레기들이 널려 있는 모습이 매스컴을 통해 자주 보인다. 수거하지 않고 바다에 마구 버리는 탓이다. 바다 밑에 무성히 자라던 해초도 점점 줄어든다고 한다. 물고기, 홍합, 굴, 바닷가재 등 다양한 수산물 내장에서 미세플라스틱이 발견되었다는 뉴스는 놀라운 일도 아니다. 오염을 우려하면서도 그저 남의 얘기로 밀쳐 낸다. 큰 플라스틱은 생물체에서 배설되지만 작은 미세플라스틱은 정수 과정에서 완전히 걸러지지 않고 강이나 바다로 흘러 들어가 생물체의 주요 장기와 뇌에 침투해 치명적인 영향을 준다. 생물체 축척으로 먹이사슬을 통하여 결국 사람이 그것을 먹게 된다. 내가 버린 쓰레기를 내가 다시 먹게 되는 셈이다. 우리는 알게 모르게 이 플라스틱 쓰레기를 조금씩 조금씩 먹고 있다. 눈에 보이지 않으니 그 심각성을 모를 뿐이다.

　인류는 예나 지금이나 바다에서, 많은 식량 자원을 가져온다. 바다의 재앙은 곧 인류의 재앙이다. 인류 멸망의 주요 원인으로 핵전쟁, 지구온난화, 대규모 질병 바이러스 폭풍이라고 과학자들은 말한다.

　우리가 편리함을 추구하고 기계문명이 발전할수록 자연은 파괴되고 지구는 뜨거워진다. 추위는 모든 걸 얼어붙게 하여 정지하지만, 지구온난화는 바이러스 증식으로 인간의 생명을 위협한다. 또, 지구온난화는 만년설을 녹게 하고 수면 상승으로 인해 생태계는 파괴된다. 인간이 만든 플라스틱 재앙은 인간만이 풀어야 할 과제요 해결책이다.

　바닷가 플라스틱 물고기의 일어시위(一漁示威)는 생태계 파괴와 환경오염에 대한 경고이다. 플라스틱 옷을 벗고 햇살에 비늘이 눈부신 물고기 한 마리 바닷속으로 첨벙 헤엄쳐 멀어져 간다.

흔들렸던 우정

 카페를 개업했다며 시골 중학교 친구에게서 연락이 왔었다. 자주는 아니지만 가끔 연락이 오는 친구다. 마침 주말이었고 요양원 색소폰 봉사 활동 공연을 마친 뒤라 회원들과 여유롭게 카페를 찾았다.
 도심 끝자락 2층에 자리한 비교적 넓은 카페였다. 주위에는 식당이 즐비했고 동래 산성 초입 조경과 산새가 어우러져 서로 기대고 사는 이웃처럼 가까워 보였다. 거기다 병풍처럼 세워진 뒷산 자연경관은 덤으로 받은 선물처럼 바라보는 사람들에게 경탄을 자아내게 했다. 안온한 분위기의 테이블 사이사이마다 생기와 윤기를 더한 커다란 화분들이 장식으로 놓여 있어 작은 식물원에 온 느낌이 들었다.
 손님은 그리 많지 않았다. 지금이야 우후죽순 곳곳에 카페가 성업하여 만남과 휴식의 문화 공간으로 쉽게 이용하고 여유롭게 찾는 공간이 되었지만, 그때는 약속을 위한 장소로 사람들의 발길이 드문드문했다. 일행은 모두 전망과 분위기에 감동하고 멋진 카페 주인 친구를 둔 나까지 부러워했다.

 친구는 악기 가방을 보자 색소폰 연주 요청을 했다. 마침 두세 테이블에 자리하던 손님도 나간 뒤여서 일행은 카페에서 신나는 연주를 즐겼다. 모두들 분위기에 취해 기분 좋은 순간이 핸드폰 속에 그림처럼 담겼다.

 나는 꽃과 식물 가꾸는 것을 좋아한다. 결혼 후 아이들이 유치원을 다닐 무렵에 작은 화원을 시작했다. 월요일 아침마다 여섯 곳의 은행에 꽃꽂이를 했고 주말에는 성당 꽃꽂이를 했다. 중심 주지와 곡선의 소재를 세우고 높낮이를 정하여 낮은 수반의 침봉 위에 포인트로 꽃을 채웠던 기억들이 스멀거렸다. 아, 이건 내 취향, 커피 향 가득한 카페에서 발라드 곡으로 연주했다. 식물들이 일제히 일렁이며 환호한다.

 방금 화원에서 갓 실어 온 듯한 바키라, 벤저민, 벵골고무나무, 알로카시아, 몬스테라, 아레카야자, 앤슈리엄, 산세비에리아 등 몸집이 크고 다양한 식물의 이름을 불러 주는 재미에 푹 빠진다. 기억나지 않거나 이름을 불러 보지 못한 관엽식물이 많았지만, 날아오르는 커피 향에 젖어 눈 호강이 더 좋았던 날이었다.

 그리고 몇 달 후에 친구에게서 연락이 왔다. 카페를 접고 조방 앞 근처에 새로운 이름의 간판을 달았다고 알려 왔다. 그렇게 예쁜 카페를 노래방으로 업종을 변경하다니 의아했고 실망스러웠다. 2년간 재미나게 만지던 나의 꽃과 식물들은 밀쳐 두고 사람의 이기심과 실수로 꿈을 접어야 했던 그때와 같은 속상함이 밀려왔다.

그녀는 중학교 때 친하게 지낸 같은 반 친구였다. 면 소재지에 자리한 중학교는 십 리, 이십 리 길을 버스비 25원을 아낀다며 삼삼오오 3년간을 줄기차게 걸어 다녔다. 친구는 마당 넓은 부잣집의 오빠 셋에 독녀로 사랑받는 막내딸이었다. 우린 가끔 학교를 마치고 서로의 집에 놀러 가기도 했다.

고등학교 진학을 위해 입시 전에, 시골에서 진주여고 운동장으로 달리기 멀리뛰기 철봉 매달리기 윗몸 일으키기 등 체력장 시험을 먼저 보러 가야 했다. 학교 근처 이모 집이 있다면서 전날 같이 가자고 했다. 쌀이 귀하던 시절이라 엄마는 딸이 남의 집에서 하룻밤 신세를 지는 것이 미안하다며 무겁게 느껴졌던 보리쌀 한 되를 보자기에 싸서 내 손에 들려 주었다.

친구 이모 집에서 하룻밤을 새며 좋알좋알 수다를 떨다 보니 더욱 정이 들었고, 우린 20점 만점의 체력장 시험에 나란히 18점을 받았다. 서로의 사정으로 고등학교는 각자 다른 지역에 다니면서 소식이 끊겼다. 삶이 여물어 갈 즈음 중년의 나이에 다시 마주하게 된 우정이었다.

동네 근처로 가게와 집을 옮긴 지 얼마 후 친구는 아파트 잔금이 모자란다며 내게 얼마의 돈을 빌려 달라고 했다. 결코 적은 돈이 아니었다. 부동산에 투자했다가 낭패당했고, 카페는 월세를 감당하지 못해 접었다고 한다. 절교해야 하나, 갑자기 머릿속이 복잡했다. 내 사전에는 친한 사람과 절대 돈거래는 없어야 하는 철칙이 있었다.

 돈으로 부자와 가난뱅이를 구별 짓기도 하는 사회다. '돈'이라는 것은 사람마다 가치관과 욕심이 다르고 생각과 판단이 다르다. 그 돈이 우리를 웃게도 하고 울게도 한다. 가벼운 종이 한 장 속에 숨겨진 숫자의 위력은 대단한 것이기도 하다. 엄연한 현실에 마주한 우정이 흔들렸다. 가족이, 형제가 돈 때문에 힘든 일을 겪은 후부터 나는 돈을 함부로 대하지 않았다.

 유치원 아이의 학부모끼리 친하게 지낸 친구가 있었다. 건축설계사로 잘나가던 남편이 신장암이라 주기적으로 피를 걸러 주어야 했고 일을 할 수 없는 상황이 되었다. 급히 병원비로 오백만 원이 필요하다고 했다. 30년 전의 오백이면 큰 액수의 돈이었다. 나에겐 그만한 돈이 없었다. 성당 다니는 잘 아는 언니에게 사정 이야기했더니 흔쾌히 빌려주었다. 지나고 보니 아찔한 고마움이었다. 그 친구는 남편 대신 생활전선에 나섰고 1년 만에 빚을 갚아 주었다. 서로에게 신뢰와 믿음이 있었기 때문에 가능한 일이었다. 마음이 순수하던 시절이었다.

 친구끼리 서로 필요한 도움은 주고받을 수 있다고 하지만, 앞뒤 생각 없이 자기 능력과 분수를 넘어 인정을 베풀다 보면 자신도 타인도 곤경에 빠뜨리고 돈 때문에 삶이 나락으로 떨어지게 하는 경우를 주위에서 많이 보아 왔다. 그로 인해 좋은 관계는 틀어지고 원수가 되기도 한다. 가족, 친척에게서 돈거래로 힘든 일을 보고 크게 겪은 뒤, 사람의 말을 불신하게 되었고 돈에 대한 개념을 철저히 했다. 누구든 돈거래는 하지 않기로 했고 철저히 지켰다. 앞으로도 그럴 생각이다.

  카페를 하던 친구와는 2년간 서로 연락이 뜸했다. 친구가 먼저 안부 전화를 걸어 왔다. 서로 돈 이야기는 하지 않았다. 코로나 기간에 친구의 가게는 더 힘들었을 것이다. 마음이 아프고 불편했다. 돈 때문에 잠시 흔들린 우정이었다. 돈도 돈이지만 친구를 잃지 않고 싶었다. 돌려받지 않아도 될 정도의 봉투 하나를 준비했다. 한 달간만이라도 가게 세는 걱정 없을 만큼의 여윳돈을 친구에게 건네주었다. 코로나도 풀렸으니 가게가 잘되길 바랐고 스스로 감당해야 할 가시덤불을 잘 헤쳐 나가길 바라는 마음이다.

목민심서

지난날 대부분의 해외여행이 그랬다. 일상에서의 탈출이었다. 일정에 맞추어 그 나라의 기온에 알맞은 옷을 챙기고 바퀴 달린 가방을 끌었다. 떠나는 순간의 들뜨는 설렘이었다.

방문국에 대하여 역사와 지식이나 상식조차 마음에 담고 머릿속에 그려서 가지도 않았다. 패키지여행은 여행지에 도착하면 대부분의 일정 동안 장시간 버스로 이동한다. 가이드는 버스 안에서 여행지에 대한 설명과 그 나라의 중요한 인물에 대하여 알려 준다. 세계사에 대한 기본 역사 지식은 마음에 오만으로 자리했다. 웬만한 설명은 자만심으로 귓가에 맴돌았다. 환경과 시차 적응이 어려워 먼 거리로 이동할수록 눈꺼풀은 무겁게 내려앉았다. 내려놓지 못한 일상을 끌고 간 후유증이기도 했다.

여행 목적지 곳곳에 도착하면 유명한 건물과 경치 앞에서 찍는 한 장의 사진이 더 중요했다. 그곳에 갔다는 자체만으로 의미 부여를 했다. 앨범에 간직하여 훗날 여행이 어려울 때 포개진 사진들을 꺼내어 젊은 날을 추억할 것이라 여겼다. 그야말로 여행의 문맹자였다.

올해는 미국과 베트남 두 곳을 여행할 기회가 생겼다. 뒤돌아보니 오랜 여행의 기억들이 아슴아슴 희미해지고 있다. 먹고, 마시고, 쇼핑하고, 눈으로 즐기고, 짜인 시간의 틀에서 달리고 멀리 나르는 모습뿐이었다. 옛 여행의 이미지에서 이제 벗어나고 있었다. 여행에 대한 마음 고침이다. 미국에서 8시간을 버스로 이동했다. 도시와 사막으로 이동할 때마다 오아시스를 발견하는 환희의 탄성 소리가 내 안에서 들렸다. 그 나라의 흙과 물과 공기가 비로소 새롭게 다가오고 있었다. 사람이 제대로 보이기 시작한 것이다. 인문학을 공부하면서부터 지난날 여행의 문맹자가 비로소 세상을 제대로 바라볼 수 있는 눈이 뜨이게 된 것이다.

베트남 나트랑 여행은 다낭에 이어 이번이 두 번째다. 베트남은 인도차이나반도의 동쪽 끝에 남북으로 길게 뻗은 나라이다. 공산주의이면서 가장 민주적인 나라다.

전 세계 80% 이상의 나라에서 화폐 도안에 인물 초상을 넣어서 사용한다. 화폐에 들어가는 인물은 대부분 역사적 위인이다. 나라나 지역을 대표하는 훌륭한 인물을 기리고 지폐의 신뢰도를 높이기 위해서다. 베트남에는 모든 지폐마다 호찌민의 사진이 들어 있고 초중고 할 것 없이 모든 학교 교실마다 호찌민의 사진이 걸려 있다. 대단한 역사적 인물의 증거이다. 우리나라 화폐는 천 원권, 만 원권, 오만 원권으로 그 인물이 모두 다르다. 천 원

권에는 퇴계 이황, 만 원권은 세종대왕, 오만 원권은 신사임당이 그려져 있다. 100원 주화에 새겨진 인물로는 이순신 장군이다.

베트남 역사는 외세의 침략으로 오랜 시간 전쟁을 했다. 초기 천 년간은 직간접적으로 중국의 지배를 받았다. 80%가 불교 국가이다. 로마 가톨릭 선교사 박해를 구실 삼아 프랑스의 나폴레옹 3세가 다낭을 공격하고 지배했다. 이어 일본이 지배하여 중일전쟁이 시작되고 식량 수탈로 이어졌다. 2차 대전이 끝나자 일본이 물러갔지만 또다시 프랑스가 식민국가의 전적으로 지배의 야욕을 채우려 하다 전쟁에서 패했다. 베트남의 승리다. 8년간의 전쟁이었다. 통킹만 사건으로 미국과 또다시 10년간의 기나긴 전쟁을 하게 된다. 이때 우리나라는 미국과 우방으로 베트남전쟁 파병을 하였다. 거대 미국이 패하고 베트남은 독립을 얻게 된다. 오랜 투쟁으로 독립을 얻었지만 제네바 협정에서 강대국 타인에 의해 우리나라처럼 남과 북으로 나라가 둘로 갈라지게 된다. 외세의 야욕 침략으로 베트남 역사는 파란만장한 소용돌이였다. 오랜 외세의 침략 그 속에 사람이 있었고 유능한 지도자가 있었다.

호찌민은 절대적인 리더로 여러 갈래로 나누어져 있던 다민족 공산주의 세력을 하나로 통합하였다. 공산주의 혁명가이자 독립운동가, 정치인, 초대 국가 주석이다. 위대한 영웅으로 현명한 지도자로 불린다는 호찌민은 독립을 위해 활동 중 목숨의 위협을 느껴 자신을 숨기며 필명과 가명 등 160여 개의 이름으로 살았다. 그는 우월한 위치에서 영웅으로 받들어 살지 않았다. 늘 사람들 속에서 다정하고 친근감 있는 호 아저씨, 호 할아버지로 살았다. '호찌민'은 깨우치는 자라는 뜻이다. 프랑스의 한 저널리스트는 아래와 같이 말했다.

"오늘날 세계의 지도자 중에서
실제로 호찌민처럼 창조하는 사람임과 동시에
만들어 내는 것을 지키는 수호자이며,
근원임과 동시에 방향을 가리키며,
사실임과 동시에 실천이며,
국가임과 동시에 정치지도자이고,
사람 좋은 아저씨임과 동시에 전쟁지도자인 인물은
한 명도 없다."

1차 세계대전이 끝나고 호찌민은 베트남 인민의 요구서가 담긴 독립 청원서를 들고 열강들이 모인 파리 강화조약에 참석하여 독립을 호소하였다. 이때 우리나라의 김규식도 조선의 독립을 위한 청원서를 들고 그곳에 참석했다. 독립을 위한 입장이 두 나라 모두 서로 비슷한 처지였다. 하지만 열강들은 가난한 두 지배국에 대해 아무도 관심을 가지지 않았다. 독립은 결국 스스로 해야 한다는 결심을 하게 된다.

베트남의 위대한 독립운동가인 호찌민이 우리나라 정약용의 《목민심서》를 곁에 두고 즐겨 읽었다는 설명에 귀가 번쩍하였다. 《목민심서》는 조선시대부터 한국뿐만 아니라 중국과 일본 등에서도 널리 읽혔다고 한다. 그 책이 베트남까지 건너간 것이다. 오래전에 읽어 가물가물한 내용이지만, 애민 사상이 담긴 내용만은 지워지지 않은 기억으로 남아 있다. 조선 후기의 문신이자 학자였던 정약용이 쓴 이 책은 정치 개혁 이야기로 지방행정, 재정, 교육, 농업 등 다양한 주제를 다루고 있으며, 지방 관리들의 올바른 역할과 책임을 강조하였고 백성들을 위한 관리의 자세를 강조하며, 청렴한 공정의 통치를 위한 법칙과 원칙을 제시한 책이다.

호찌민은 자신을 이끈 것은 공산주의가 아니고 애국심이었다고 말한다. 초대 대통령으로 당선되어도 검소한 생활로 저택은 가난한 사람들이 사용하게 하고 자신은 방 두 칸의 오두막에서 지냈다.

"내가 죽은 후 웅장한 장례식으로 인민의 돈과 시간을 낭비하지 말라. 내 시신은 화장해서 재는 새 부분으로 나누어 하나는 북부에, 하나는 중부에, 하나는 남부에 뿌려 다오."

하지만 그 유언은 지켜지지 않았다. 베트남 사람들은 그의 시신을 모시고 싶어 했다. 그의 무덤은 방부 처리되어 사람들이 영원히 바라볼 수 있도록 해 놓았다. 사후에 남긴 유품은 옷 두 벌과 지팡이 하나 책 몇 권과 폐타이어로 만든 슬리퍼가 전부였다. 호찌민은 평생 청빈하게 살았다.

공자는 정치의 요체를 "국방, 식량, 백성의 신뢰"라고 말하였고 그중 가장 중요한 건 신뢰라고 말했다. 그는 애국자로 신뢰받는 정치인으로 민중들 속에서 아이들을 유난히 사랑했으며 가난을 지키며 평생을 살았다. 역사는 여러 사람의 힘으로 이루어지지만, 리더십이 필요한 한 사람의 유능한 지도자에 의해 움직인다.

모비 딕

이슈마엘은 바다로 떠나기 위해 피쿼드호에 승선했다. 승객이 아닌 노동의 대가가 있는 선원으로서다. 육체와 정신이 건강한 소년이, 청년이, 아버지와 세상의 남자들이 모험을 위해서 바다를 갈망한다.

바다로 나가고 싶은 가장 큰 이유는 고래, 고래 때문이다. 거대함이 주는 경이로움, 섬처럼 큰 고래가 물기둥을 뿜으며 헤엄치는 신비로운 모습에 마음을 송두리째 빼앗겼기 때문이다. 눈앞에 펼쳐진 장대하고 아득한 바다는 그들에게 경이롭고 신비로운 세계의 문을 여는 가슴 벅찬 꿈의 환상이었다.

태평양을 향해 출발하는 고래잡이배에 몰래 몸을 실었다. 나의 목적은 고래잡이의 모험이 아니다. 어느 인문학 강의에서 소개받아 알게 된 소설《모비 딕》속에 일등 항해사 스타벅을 만나고 싶었기 때문이다. 인물 탐사가 그 이유다. 강의 내용에서《모비 딕》과 저자의 작품보다 커피에 대한 이미지를 강조한 연관성의 호기심 때문이었다.

　세계인의 입맛을 사로잡은 스타벅스(Starbucks)는 커피전문점으로 유명하다. 미국, 영국, 프랑스에서는 지식인 사이에서 커피는 지성의 상징이 되면서 각성제로 맹위를 떨쳤다. 일등 항해사 스타벅과 함께 바다의 요정 세이렌의 로고가 나란히 매장을 지키는 이유가 궁금했기 때문이다.

　바다에는 수많은 어류가 살고 있지만 고기잡이는 관심 밖이다. 긴 항해에서 오직 고래가 목표물이다. 참고래, 흰고래, 긴수염고래, 혹등고래, 정어리고래, 대왕고래, 큰돌고래, 흑고래, 외뿔고래, 범고래, 채찍 고래, 만세 돌고래, 알제리 돌고래, 밀가루 주둥이 돌고래 등 다양한 고래가 바다를 누비고 있었다.

　긴 항해였다. 《모비 딕》은 항해 일지 같기도 한 두꺼운 장서였다. 그 속에는 고래의 종류와 생김새와 모양, 크기, 성질, 특징, 상업성 등 고래에 대한 고래 백과사전 같았다. 나는 승객도 아니고 선원도 아니고 선주도 아니다. 뱃머리에는 금화를 걸어 두었다. 금화는 향유고래를 발견하는 자의 것이다. 작살잡이들은 망루 위에서 밤낮을 교대로 보초를 선다. 고래를 살피며 망을 보고 있는 모습이 지루하기만 했다.

　우리나라 울진항에서, 자갈치 시장에서 애호가들이 쉽게 먹었던 고래고기는 1985년 국제 협약으로 여러 나라에 고래잡이를 금지하고 있다. 바다에 원전 오염수 방류로 비난받고 있는 일본이다. 협약에 동참 없이 동해상에서 크고 작은 고래를 포획하고 있어 협약을 역행하는 나라다. 고래의 산업적 가치로는 식용뿐만 아니라 연고나 약제로 사용했고 호르몬제, 기름, 칼슘, 글리세린, 비누 등으로 사용되었다. 배설물도 용연향으로 뛰어나서 버릴 것이 없다고 한다.

향유고래 백경(白鯨)은 흰고래다. 포획하면 값비싼 가격으로 경제성이 가장 높은 상업 고래로서 큰 가치를 지녔다. 지금처럼 휘발유나 등유가 없던 시절에 고급 등유로 사용했다. 일반 고래에 없는 뇌 경유는 질이 좋았으며 귀했다. 높은 가격으로 거래되어 유럽 왕실에서만 주로 사용했다. 내장에서 숙성된 기름은 그 향이 뛰어나 향수와 고급 원료로 사용했다.

여러 종류의 고래 중에서 에이헤브 선장이 쫓고 있는 고래는 흰고래다. 지구상에 거주하는 고래 중 가장 오래되었고 위풍당당하며 무시무시한 풍채다. 흰고래는 고래잡이 중에서도 목숨 건 선원들의 표적으로 한때 멸종 위기였다. 바다 이야기, 고래 이야기로 이어진 항해는 망망대해 오랜 표류처럼 지루하고 재미없었다. 배에서 내리고 백과사전 같은 두꺼운 책장을 덮어 버렸다.

필리핀 보홀섬이다. 갈매기 날개를 펼친 듯 닮은 작은 배에 올랐다. 돌고래를 만나기 위해서다. 물살을 가르고 바다를 달리면 뽀얀 거품이 바닷길을 낸다. 윤슬이 내려앉은 물결 위에 진줏빛 펄이 뿌려지고 있다. 바다는 시간의 태엽에 따라 일출과 일몰이 시시각각 변하는 장관을 볼 수 있다. 포세이돈의 삼지창을 들고 광활한 지배력과 능력으로 역동적인 힘이 솟구치며 신비로운 물결로 출렁이고 있다.

　작은 고래가 출현했다. 환호를 보낸다. 무리 지어 낮게 솟아올라 곡예를 한다. 피사체의 움직임에 따라 비취색 진한 바닷물이 투명한 실루엣으로 일렁인다. 부드러운 햇살과 바람과 물살이 어린 고래들을 감추듯 보여 주고 물결의 흐름을 따르는 어린 고래의 몸짓에 투명한 물무늬가 새겨진다. 바람은 포말을 압화하여 그림을 그리고, 햇살은 물살 위에 수를 놓는다. 바다가 살아 있는 투명한 수채화다. 인간과 자연의 가장 선하고 아름다운 만남이다.

　다시 바다를 펼친다. 일등 항해사 스타벅은, 키 크고 마른 체형으로 단단한 피부와 내면의 강인함을 가졌다. 방부 처리된 크로노미터처럼 북극의 눈이든 작열하는 태양이든 문제 될 것이 없는 기력으로 성실하고 확실한 사람이다. 그는 멀리 떨어져 있는 젊은 아내와 어린아이들을 늘 마음에 품고 있다. 고래를 항상 두려운 존재로 바라본다.

　에이헤브 선장은 고래잡이로 한쪽 다리를 잃었다. 고래 뼈 의족을 한 채 지팡이를 짚고 갑판 위에서 선원들을 지휘한다. 고래가 선원들의 귀한 목숨을 위협해도 맹목적이다. 자기의 신체 일부를 삼킨 고래에 대한 복수심과 분노로 가득 차 있다. 이등항해사와 유색인종으로 모인 작살잡이들은 돈벌이가 목적이다. 고정된 임금의 급여가 아니다. 고래잡이에 따른 공동의 운, 공동의 불면과 노고, 용맹으로 좌지우지되는 황금이 목표다.

시간은 고래의 수난사였다. 인간의 삶, 끝없는 욕망이 바다에 있다. 작살잡이들이 고래의 등에 무수히 작살을 던져 피로 물들었던 바다였다. 쫓고 쫓긴 추격전에 승자로 당당히 살아남아 대서양, 태평양 바다를 위풍당당하게 누비고 있다. 바다 밑에 가라앉았던 고래의 저항, 몸부림이 수면 위로 떠오른다.

고래와 인간의 마지막 결투다. 선장의 끝없는 욕망과 복수는 자신은 물론 무모한 선원들 목숨까지 바다에 가라앉게 한다. 일등 항해사 스타벅은 성실하고 강인하고 이성적인 사람이다. 그도 결국 물속으로 가라앉고야 말았지만, 그의 지성이 커피가 있는 스타벅스 카페를 지킨다. 사이렌은 감미로운 노래로 선원들을 유혹하는 일을 멈추었다. 일등 항해사 스타벅 곁에서 커피 향으로 사람을 불러 모으고 있다.

영영아 보육

아침 햇살이 유난히 맑고 투명하다. 친정어머니가 쓰시던 연못가의 먼지 쓴 맷돌을 말끔히 씻어 주고 윤이 나게 장독도 씻어 냈다. 언니네가 이사하며 주고 간 배꽃나무 분재가 철쭉과 어우러져 웃고 있다.

긴 호수로 뿜어 올린 물줄기로 이곳저곳의 꽃들과 나무들을 세수시켜 놓고 작은 연못에 물줄기를 빠뜨려 놓았다. 바람이 날려다 놓은 꽃잎과 연못에 빠진 나뭇잎을 건져 내고 나면 방긋방긋 웃는 아이들이 대문을 들어선다. 주전자에서 뿜어내는 아이들이 마실 보리차 내음이 한없이 좋다.

어린이집은 일반적으로 0세에서 취학 전 만 5세(7살) 아이들을 보육하고 교육하는 곳이다. 만 0세에서 2세(4살)까지를 영아, 만 3세에서 5세(7살)까지를 유아로 구분하고 있다. 초창기에는 어린이집에 입소하는 대부분이 유아였고 영아는 드물었다.

20여 년 전이다. 산업화 발전은 빠르게 진행되었다. 여성의 사회 진출과 자아 개발 및 경제 활동 참여 활성화를 위해 정부에서 2년간 한시적으로 '영아전담어린이집'을 몇 가지 조건을 부여하고 시에서 지정 지원하며 개설하였다. 주로 유아 보육에만 힘쓰던 시절이라 영아만의 보육은 모험이었다.

7년간 일반 어린이집으로 운영했다. 선정 마지막 해, 마지막 날에 서류를 접수하여 영아 보육을 시작하게 되었다. 당시 남구에서 4개 시설이 지정되었지만, 현재는 한 개의 시설만 남아 있는 셈이다. 처음에는 영아가 많았지만, 모으기가 힘들었고 지금은 저출산으로 영아가 점점 줄어들어 운영에 기약이 없다.

영아 보육 얼마 후 이른 아침에 두 달을 넘긴 한 아이가 엄마 품에 안겨 왔다. 가장 어린 영영아였다. 며칠 전에 전화 상담을 받았지만, 너무 어려 최소한 6개월은 지내고 보냈으면 하고 권유했던 기억이 있다. 남편은 나이트클럽에서 아르바이트 중으로 급여는 없고 손님이 주는 팁만으로 가족이 생활하며, 자신은 아기를 어린이집에 맡기고 학교에 가야 한다는 딱한 사정이었다.

두 달간 모유 수유를 했다며, 분유통과 우유병, 기저귀 가방을 들고 왔다. 아기를 돌봐 줄 가족이 곁에 없고, 경제적인 형편상 홈 베이비시터는 생각할 수 없다고 했다. 사정은 딱했지만, 아기가 너무 어리다. 교사 한 명당 영아 비율이 0세는 1:3, 만 1세(3살)는 1:5이고, 만 2세(4살)는 1:7이다. 힘든 것보다 위험 부담으로 대답이 어려웠다. 순간 아기 엄마가 아기를 좀 안아 봐 달라며 내 품으로 재빨리 안겨 주며 두 손을 비비고 있었다. 간절한 눈빛이다. 나를 믿는다며 입학 원서는 이따 수업 마치고 와서 적겠다고 했다. 메모로 연락처 쪽지만 남기고 아기를 던지듯 얼른 나에게 안겨 주고 학교에 가야 한다며 분유와 가방은 두고 책가방을 들고 뛰어가 버렸다. 당돌하다 싶은 엄마를 붙들고 싶은데 아기를 안고 있으니 두 팔이 움직일 수가 없었다.

　얼마 후 아기는 잠에서 깨어났다. 울기 시작했다. 분유를 타서 먹여 보았지만 거부했다. 아기는 예민했다. 엄마 냄새를 알았다. 실리콘 우유병을 내뱉으며 엄마의 가슴을 내놓으라고 소리 높여 울고 앙탈을 부리기 시작했다. 분윳값을 아끼려고 모유 수유만 하다가 원에 오면서 갑자기 분유병을 내밀자 거부와 반항으로 배고파도 분유병을 받아들이지 않고 계속 거부한 것이다. 초보 엄마 역시 분유 수유를 위한 실리콘 젖병을 받아들이는 준비와 적응 시간이 없었던 것이다. 어르고 달래도 소용없었다. 교사는 아기를 내게 건네주고는 너무 어린 아기를 받았다는 원망하는 눈빛으로 나를 바라보았다.

　먹기를 거부하는 아기 울음은 계속되었고 얼굴이 퍼레지면서 경련이 일기 시작했다. 아기가 잘못될까 봐 심장은 콩닥거렸고 겁이 났고 두렵고 무서웠다. 아기 엄마에게 전화를 걸었지만 받지 않았다. 필시 아기 엄마가 도망간 것이란 생각이 들었다. 학생이라면 쉬는 시간에라도 부재중 전화를 확인하고 연락을 주어야 할 것이었다. 어린 영영아를 안고 있는 동안 심장이 콩닥거렸고 식은땀이 났다.

몇 번을 더 연락해도 받지 않았다. 아기를 키울 형편이 안 되어 정말 도망간 것인지 초조하기만 했다. 오후 1시가 넘어가자 아기 엄마가 얼굴을 내밀었다. 어차피 연락이 와도 중간에 올 수 없어서 전화를 받지 않았다는 것이다. 아기를 데려가라 할까 봐 전화를 안 받았다는 것이었다. 집에서도 울 때는 얼굴이 퍼레지면서 악을 쓰듯이 운다고 했다. 도망가지 않고 나타난 아기 엄마가 한없이 고마웠다.
　어렵게 분유병을 빨고 힘든 얼마간의 시간이 지나자 아기는 교사와 나의 마음을 받아 주기 시작했고 적응해 가고 있었다. 영아의 수면 시간은 짧다. 자다 깨어나기를 반복이고 연속이다. 영아는 온몸으로 보육해야 하므로 몸이 참으로 힘들 수밖에 없다. 하지만 그러면서 정이 들고 아기는 안정을 찾는다. 그렇게 자란 아이 혜미는 네 살을 넘겨 다섯 살에 웃는 모습으로 손 흔들며 우리 곁을 떠났다. 학교를 졸업한 엄마도 취업 맘이 되었다. 가족은 안정되어 가고 평화로워 보였다.
　몇 해 후의 어느 날 동생을 데리고 왔다. 첫째를 잘 키워 준 것처럼, 둘째도 잘 부탁한다며 돌이 지난 동생을 안고 왔다. 남편의 직장도 안정된 그곳으로 출근한다고 했다. 육아 휴직을 마치고 일하러 가야 한다는 것이다. 둘째는 첫아이와 다르게 잘 울지도 않았고 분리 불안도 느끼지 않았다.
　동네를 지나면 차를 보고도 손을 흔들어 반가이 아는 체하는 엄마와 두 아이였다. 이제는 어엿한 숙녀가 되어 있을 것이다. 가장 어린 영영아를 받았던 기억이 스멀거린다.

김장 잔치

 부자다! 김장 후 부모님이 하시던 말씀이 나도 모르게 튀어나왔다. 절임 배추를 주문 배달하여 밤사이 물을 빼고 양념만 준비하니 예전보다 김장이 수월해졌다. 일요일에 시골 사는 둘째 언니네가 김장했다며 조카 편에 김치 한 통과 무, 쌈 배추를 가득 실어 보내왔다. 냉장고가 포화 상태다.

 가을 농사 후 부모님의 시골 곳간은 쌓인 쌀가마, 고구마, 누런 호박덩이로 가득 찼다. 처마 밑에 수복한 장작더미까지 준비해 놓고 마지막으로 김장 김치로 겨울 채비는 끝이다. 그리고 늘 "부자다"라고 하시며 겨울 대비를 하였다.

 출가와 분가를 통해 자식들이 도시로 나가고 김장 문화도 달라져 갔다. 얼마간은 시골서 부모님이 농사지은 무, 배추를 각자 차 트렁크에 가득 실어 와 욕조 위에 비닐을 깔고 밤새 절이기도 하였다. 먹거리가 많아지고 실어 오는 불편함을 거부하자 엄마는 올케와 배추를 절여 놓고 기다렸다.

몇 년 전까지만 해도 김장 잔치는 우리 집안만의 작은 축제였다. 속이 여물어 가는 배추포기를 바라보며 친정어머니는 11월 초입부터 언제 올 거냐며 성화를 부렸다. 농사지은 배추를 뽑아 절이고 씻고 물기를 거두어 켜켜이 소복하게 쌓아 놓았다. 올케는 젓갈 양념을 준비하고 시누이들과 모여 배추의 속을 채울 준비를 해 둔다. 딸들은 김치 통만 들고 가서 함께 버무리면 되었다. 올케에게는 늘 미안하고 고마웠다.

절인 배추의 속을 겹겹이 빨간 양념을 발라 채운다. 겉잎으로 양념이 흘러내리지 않도록 잘 감싸 덮는다. 어느새 김치 통들이 가득 채워진다. 손놀림이 재빠른 언니들은 김장의 달인들이다. 김치 통 한 통을 겨우 채우고 나니 허리가 아프다. 인내의 한계다. 온몸이 뒤틀린다. 꾀를 부리고 엄살을 피운다. 입으로 언니들을 한바탕 웃겨 주면 우리 집 김장 잔치는 웃음 잔치가 된다. 나는 언니들 곁에서 채워진 김장 통을 뒤로하고 빈 통을 다시 드밀었다. 김치가 채워지면 뚜껑을 닫고 통에 묻은 양념을 닦고 잔심부름으로 마무리한다.

파전을 굽고 갓 담은 겉절이 생김치와 수육으로 막걸리 파티를 벌이는 사위들, 쉴 새 없이 바쁜 손놀림으로 김장을 하는 딸들의 모습을 뒤에서 흐뭇하게 바라보시는 친정어머니는 하루 종일 입이 귀에 걸렸다. 김장 잔치는 가족의 웃음 잔치이다. 친정어머니가 가장 행복해하는 날이기도 하다.

김치는 한국을 대표하는 음식이다. 김치의 주 양념은 고춧가루다. 고춧가루 사용 전에는 단순히 소금에 절여 조핏가루를 넣어 김치와 여러 가지 음식을 만들었다고 한다. 수박으로 유명한 우장춘 박사가 19세기 말에 중국의 단단한 배추를 들여와서 옆으로 퍼지는 재래종 배추의 품종을 개량하여 지금처럼 속이 찬 배추가 만들어졌다고 한다.

김치에 대한 최초의 기록은 중국 최초의 시집인 《시경(詩經)》에서 볼 수 있다. "밭두둑에 외가 열렸다. 외를 깎아서 저(菹)를 담가 조상께 바치면 자손이 오래 살고 하늘의 복을 받는다." 저란 김치를 뜻한다. 우리나라 최초의 문헌으로는 이규보의 《동국이상국집(東國李相國集)》에 소금으로 담근다는 뜻으로 염지(鹽漬)라는 기록이 있다.

김치의 주재료가 조선 초기까지는 무, 오이, 배추였고, 조선 중기 이후에는 배추, 무, 오이 순으로 기록이 되어 있다. 기록은 역사이고 삶의 증거이다. 기록이 없다는 이유로 역사는 왜곡, 누락될 수도 있다. 아쉽게도 우리나라 삼국시대의 식품에 대한 서적이 하나도 남아 있지 않다고 한다. 중국과 일본의 문헌에 기록되고 추측과 전해 오는 그것으로 우리 문화의 역사를 추측하기도 한다.

최근에는 김치가 대량 생산으로 포장, 상용화가 되면서 세계 각국으로 수출을 넓혀 가고 있다. 김치 개발 시 양념의 다양한 변화와 응용으로 김치의 종류 또한 늘어난다. 현재 시중 일반 식당에서 판매되는 김치 80%가 중국산이라고 한다. 저렴한 가격 때문이다. 반면 우리나라 김치도 중국으로 수출하고 있다. 물량이 늘고 있지만 때때로 대장균 검출이나 이러저러한 이유로 무역 제재가 심해 수출의 벽이 자유롭지 않다고 한다. 중국이 늘 저가 경쟁으로 앞서다가 코로나19 발병국이란 오명으로 우리나라의 김치 수출이 호황의 배턴을 다시 넘겨받기도 한다.

한중 두 나라는, 때론 일본이, 서로 김치 수출에 열을 올리고 있다. 김치는 각자 자기들의 전통 음식이라 우겨 대기도 한다. 소금에 절이고 양념을 버무려 발효시킨 김치는 이제 우리나라 전통 음식으로 자리를 잡았다. 김치가 제대로 된 양념으로 인정받고 사람들의 입맛을 사로잡은 지는 이제 100년의 역사가 증명하고 있다.

고추 유입과 지방마다 특색 있는 젓갈 사용 등 여러 가지 양념 개발로 현대인의 입맛에 맞추어 김치는 다양한 맛으로 발전해 왔다. 김치는 버릴 것이 없다. 익을수록 유산균 발효 증식으로 좋고, 묵은지로도 이용 가치가 높아 칼칼한 찌개로 변신하기도 한다. 산업화의 물살은 핵가족 변화로 이어졌다. 포장 김치 문화가 늘어 가고 사계절 마트에는 김치가 있다. 다음 세대는 점점 더 김장 문화에서 멀어지게 될지도 모른다.

김장 김치는 나누어야 할 일터 가족이 많아 6월이면 바닥이 난다. 7월부터는 주로 농협 포장 김치를 사용한다. 여름 배추와 무는 육질이 가을배추보다 무르고 단맛이 덜하며 쓰고 밍밍하다. 강한 양념 맛을 입혀야 김치는 여름을 버텨 낸다. 이제는 마트에서 사시사철 쉽게 김치를 만날 수 있지만, 김장 김치는 겨울이 제맛인 것 같다.

절임 배추가 나오던 어느 해부터, 두 시간이 걸려 김장을 위해 오가는 거리가 멀게 느껴졌다. 가족을 만나 나누는 정겨움보다 편해지는 세상살이에 더 익숙해 간다. 형제간에도 바쁘다는 이유로 다른 먹거리가 풍족하게 늘어 감에 따라 김치를 덜 먹는다는 이유로 김장을 위해 가족이 함께 마주하는 정겨움이 점점 멀어져 간다.

엄마의 부재로 뜸하다가 멀어져 버린 김장 잔치다. 20년을 한결같이 시누이들의 냉장고 김칫독을 채워 준 고마운 올케에게 금반지 선물과 4박 5일 해외 나들이를 함께하며 고마움을 전한 것을 끝으로, 함께 모이던 시골집 김장 잔치의 막이 내렸다. 이제는 다시 들을 수 없는 목소리, "부자다" 하시던 엄마의 목소리가 김장철이면 그리워진다.

뒤늦은 환갑 여행

자장 매화를 보기 위해 2월에 통도사를 찾았다. 유난히 들쭉날쭉한 한 기온차로 꼭 다문 입술을 좀처럼 열지 않았다. 두 번을 더 걸음한 후에야 화사한 미소와 함께 봄을 열어 주었다.

무풍한송로 오솔길에 겹겹이 포개지는 그림자처럼 수많은 발길이 이어진다. 산사 소나무와 산책로를 배경으로 환갑 기념이란 현수막 하나가 펼쳐졌다. 어느 시골 초등학교 동기들이다. 백세시대 이순을 넘긴 그들은 우리 부모 세대 환갑 나이에 비하면 얼굴에 주름도 없고 모습과 차림새가 말쑥해 젊어 보인다. 하트를 날리고 구호를 외치는 모습이 재미난 풍경이다.

몇 해 전의 일이다. 남편의 고등학교 동창 모임에서 환갑 기념으로 광복동 트리 골목에서 부부 동반 모임을 했다. 크리스마스와 겹친 송년 모임이었다. 도타운 우정을 추억하며 모임 회장이 편지를 읽었다. 앞으로 더욱 깊어질 우정과 건강한 삶에 감사하며 케이크도 자르고 축배도 들었다. 그때도 환갑 기념 현수막을 펼쳤다. 길게 장식된 트리를 배경으로 동반 기념사진도 찍었다. 용두산공원에 올라 시계탑 앞에서 피날레를 장식하며 신나고 들뜬 마음으로 송구영신의 의미도 되새겼다. 환갑을 칠순으로 대신하는 때인지라 지나는 사람들이 신기하게 바라보며 박수와 환호를 보냈다.

환갑은 회갑이라고도 하는 십이지가 한 바퀴 돌아 60세의 생일을 기념하는 잔치이다. 예전에는 60세 하면 노년의 시작으로 보았다. 하지만 '이제 인생은 60부터'라는 문구로 세태가 달라져 가고 있다. 동네복지관 알림 현수막도 예외는 아니다. 환갑 때 차려지는 생일상이 칠순, 팔순, 구순으로 문구가 격상되었다.

요즈음 여행이 대세다. 마음의 여유가 생기면서 너 나 할 것 없이 국내 여행이나 해외여행을 다녀오자고 한다. 나의 시골 초등학교 동창 모임은 일 년에 한 번은 고향에 모여 산행이나 여행을 한다. 두 달에 한 번씩은 부산에 사는 12명 동기가 모임을 한다. 정서가 통하는 육십 년 지기 우정이다. 같은 동네거나 이웃 동네라 친족 관계상 고모와 조카, 삼촌도 있으며 집안 아재 촌수도 있다. 호적이 늦어 동기면서 서너 살 차이가 나기도 한다. 두 해 전에 우리 또래는 환갑을 보냈다. 기념으로 1년간 단기 적금으로 해외여행을 다녀오자는 의견에 다들 찬성이었다. 열심히 사느라 해외여행을 못 가 본 친구들도 있었다. 어쩌면 가 본 곳을 다시 가게 될지라도 기쁜 마음으로 환갑 현수막을 펼칠 것이다.

8월 둘째 주에 항상 떠나는 휴가 모임인데 더운 날을 피해 올해는 6월로 앞당겼다. 기다려진다. 솜씨 있는 한 친구는 파김치와 더덕 고추장 무침을 맛깔나게 해 온다. 모두가 좋아하고 반하는 맛이다. 하나씩 들고 오는 밑반찬마다 친구들을 배려하는 마음들이 크고 넓다. 그중 세 명은 늘 차량 지원으로 수고를 해 준다. 한결같이 강가나 바다, 계곡을 찾아 첫날은 물놀이하고, 돌아오는 날 하루는 문화유적지 답사로 일정을 마치고 카페에 모여 차를 마시며 다음 해 휴가지를 정해 놓고 모임은 해산한다. 초등학교를 함께한 6년의 그 세월, 돈독한 우정이 갈수록 단단해지고 있다. 힘든 시기를 함께 보낸 우리는 말하지 않아도 서로를 너무 잘 알고 있는 정서의 공감대가 높은 보배로운 친구 사이다.

어느 날 갑자기 내 귀에 매미 소리가 들리고, 지진이라도 난 듯 사물이 흔들려 보였다. 어지러워 균형을 잡을 수 없었다. 병원을 찾았는데 급성 돌발성난청이라며 급히 입원하여 조기 치료해야 한다고 했다. 열흘간 병실의 하얀 시트 위에서 바라본 바깥세상을 보니 높은 건물도 흔들거렸다. 검사와 약물치료를 끝내고 퇴원했지만 차도가 없었다. 다시 대학병원에 열흘간 재입원을 했다. 신체와 혈관 정밀 검사를 받고 귀에 약물 투여와 산소치료 등 도수 높은 치료를 받았지만, 여전히 병세는 호전되지 않았다. 처음의 진단처럼 원인이 정확하지 않은 병을 평생 껴안고 살아갈 수밖에 없다는 사실에 나는 여전히 비틀거리며 절망했다.

이 소식을 듣고 초등학교 친구가 먼저 달려왔다. 나와 비슷한 병명을 가진 6인 병실이 갑자기 복닥거렸다. 옆 환자에게 민폐라

링거를 달고 보호자 대기실로 나오려니 환자들이 나의 움직임을 말린다. 환자 자신들도 초등학교 친구들이 생각나서 보기 좋다고 먼저 자리를 비켜 주거나 떠들어도 괜찮다며 오히려 부러워했다. 침상 주변에 옹기종기 모인 친구들과 수다를 떨며 재미나는 이야기들로 우울함을 날려 버렸다. 이미 포기한 여름휴가였는데 친구들의 웅숭깊은 우정으로 그해 여름이 시원했다.

또, 병원 식단이 저염으로 싱거울 거라며 한 친구가 멸치볶음, 열무김치, 깻잎김치 등 여러 가지 밑반찬을 밀폐된 찬통에 차곡차곡 담아 왔다. 눈물 날 만큼 감동이었다. 음식을 만들기는 하지만 즐겨 하지 않아서 내게는 힘든 일이다. 친구들은 내가 그들 중에 가장 솜씨 없음을 잘 안다. 그래서 휴가 때나 김장 때는 내 몫을 챙겨 주기도 하는 배려심 깊은 친구들이다. 친구의 손맛으로 정성 가득한 반찬을 병실 환자들과 나누며 내 친구 자랑도 덤으로 했다.

"저녁을 먹고 나면 허물없이 찾아가서 차 한 잔을 마시고 싶다고 말할 수 있는 친구가 있었으면 좋겠다. 입은 옷을 갈아입지 않고 김치 냄새가 좀 나더라도 흉보지 않을 친구가 우리 집 가까이 있었으면 좋겠다. 비 오는 오후나 눈 내리는 밤에 고무신을 끌고 찾아가도 좋을 친구, 악의 없이 남의 이야기를 주고받고 나서도 뒷말이 날까 걱정되지 않는 친구가 나에게 있었으면 좋겠다."

어느 작가는 '지란지교'의 우정을 이렇듯 원하고 찾고 있었다. 나는 감히 그 소중한 우정을 가졌으며, 때때로 바라보고 있다고 말하고 싶다. 12월이 지나고 우리는 한바탕 크게 웃게 될 것이다. 뒤늦은 환갑 현수막을 힘차게 흔들며.

크리스마스의 별

 12월이면, 밤하늘의 별빛이 꼬마전구에 밝혀져 지상으로 내려앉는다. 구세군 자선냄비에 정이 흐르고, 추운 겨울이 따뜻하게 느껴지는 건 동심의 크리스마스가 있기 때문이다. 눈이라도 내리면 지상은 평화와 축복의 땅이 된다.
 거리의 나무 위에서, 광장의 대형 트리에서도 별이 빛난다. 트리에 달린 별들은 추운 마음을 녹여 주고 연인, 친구, 가족들, 잊고 있었던 사람들을 생각나게 한다. 열심히 달려온 한 해를 뒤돌아보며 새 다이어리를 펼쳐 놓고 새로운 마음의 각오를 다진다. 12월은 한 해의 마지막이 아니다. 새 출발을 위한 1월을 마중 나온 달이다.
 서구의 축제 날이 1949년에 우리나라에서는 성탄절 공휴일로 제정되었다. 크리스마스는 종교적인 의미를 떠나 지구촌 사람들의 축제로 자리한 지 이미 오래다. 동유럽, 북유럽, 낯선 나라 여행에서 마주한 성탄 축제는 동화 속 그림이었다. 설원의 자연과 함께 광장이나 미니상점의 선물 부스마다 초록색 리스에 빨간 리본이 걸려 있다. 코너마다 진열된 아기자기한 물건은 그리운 사람의 얼굴을 떠오르게 했다. 예를 갖춘 선물보다 마음이 움직이는 선물의 본질을 발견하기도 했다.

크리스마스에 가난한 부부는 서로에게 선물 살 돈이 없었다. 남편은 줄이 끊어진 시계를 팔아서 아내의 머리핀을 사고, 아내는 자신의 긴 머리카락을 잘라서 남편의 시곗줄을 샀다. 중학교 국어 선생님이 들려준 오 헨리의 《크리스마스 선물》은 가슴으로 전해져 오는 따스함이 있었다. 사람들이 다 아는 뻔한 이야기지만 이런 이야기 하나쯤 있어야 진짜 크리스마스 기분이 나는 것 아닐까.

먼 나라 크리스마스의 느낌은 기쁨 평화 사랑을 즐기는 여유로움이었다. 그 기억은 어린 날, 첫 크리스마스를 보낸 행복한 추억의 한 자락으로 열린다. 12월이면 초대장이 날아들고 펼치는 기쁨은 별빛으로 반짝인다.

국민학교 5학년 겨울 방학 전, 반 친구 지우가 친구 몇 명에게 크리스마스이브에 근사한 파티를 열자고 했다. 50명의 반 친구 중에 일곱 명의 여자 친구들이 모이기로 약속했다. 학교 사택에서 밤을 보내야 하니 작은 담요와 간식을 한 가지씩 들고 오라고 했다. 그 일곱 손가락 안에 들 수 있는 행운은 물론이려니와 처음 하는 파티에 대한 기대에 며칠을 설렘으로 기다렸다.

방학하고 오후 다섯 시에 모이기로 했지만, 친구들이 좋아서 기다림의 시간을 당겼다. 네 시에 학교 사택으로 다들 모였다. 크리스마스가 뭔지도 모르면서 그저 신이 났다. 파티를 제의한 친구의 어머니는 우리 학교의 교사였으며 사택에서 살았다. 담임반 아이들뿐만 아니라 시골 학교 모두의 아이들을 챙기는 다정한 엄마 같은 교사였다. 지우 아버지는 사천 공군 장교로 비행기 조종사라고 했다. 주말에 공군 제복에 007 가방을 들고 지우 아버지가 사택에 다녀간 뒤에 지우는 국화꽃 만발한 사택으로 친구들을 불러 함께 초콜릿이며 과자를 나누어 먹었다.

학교 뒷산 작은 밭을 지나면 나지막한 산이 있다. 지우와 함께 사택 창고에서 톱을 꺼내와 산으로 올랐다. 우리 키보다 조금 더 큰 잎이 무성하고 반듯한 소나무 한 그루를 골랐다. 친구들이 번갈아 가며 톱질했다. 학교와 사택을 관리해 주는 급사 아저씨가 우리를 보고 염려되었는지 뒤따라와서 톱질 마무리를 해 주었.

급사 아저씨는 학교의 지킴이다. 늘 학교 여기저기를 살폈다. 가을, 겨울이면 학교 뒤편 가마솥에 장작으로 보리차를 끓여 각 반 당번의 주전자에 담아 준다. 교실마다 그날 피울 장작을 패서 날라 주기도 한다. 덕분에 난로 위에 포개진 노란 알루미늄 네모 도시락은 3교시부터 뒤집어 가며 데워진다. 급사 아저씨는 6.25 참전 군인으로, 한쪽 눈은 실명, 다른 한쪽 눈은 상처로 보기 불편하고 흉한 모습이지만 아이들에게는 늘 따뜻하고 자상한 분이다.

양철 물통에 흙을 채우고 톱으로 잘라 온 뿌리 없는 소나무를 심었다. 지우는 트리 나무 장식에 필요한 모든 것을 준비해 두었다. 시골 친구들은 상상조차 할 수 없는, 생소하고 신기한 것들이다. 지우가 일러 준 대로 긴 반짝이 장식을 나무에 돌려 감았다. 마분지를 각지게 접어 포장지에 싸서 실로 묶어 선물을 주렁주렁 달았다. 솜뭉치를 펼쳐 소나무 위에 하얀 눈이 내린 것처럼 보이게 했고 나무의 맨 위에는 황금색 별이 하나 달렸다. 낮은 상 위에는 촌아이들과 지우가 가져온 과자, 고구마, 떡, 초콜릿이 수북하게 쌓였다.

친구들과 처음 경험해 보는 재미난 밤샘 크리스마스 파티 놀이다. 모든 세팅이 끝나자 어린 동심은 감동하고 다음 순서를 기다리며 지우 얼굴을 바라다본다. 하늘에서 별빛이 내려와 아이들을 비추고 있다. 트리 나무에서도, 아이들 눈빛에서도 별이 반짝인다.

트리 장식의 역사는 종교개혁가인 마틴 루터에 의해서다. 숲속을 거닐다가, 전나무 위에 쌓인 눈이 달빛에 비쳐 마치 등불이라도 켜 놓은 것 같은 풍경을 보면서 어쩌면 예수님의 빛을 비추어 낼 수 있는 존재일 수도 있다는 생각을 하게 되었다. 전나무 한 그루를 가져와 눈이 쌓인 듯 표현하고, 빛을 상징하기 위해 촛불과 리본을 이용해 꾸몄다. 이것이 크리스마스트리 꾸미기의 유래가 되었다고 한다.

친구들이 함께 꾸미고 장식한 크리스마스 파티 준비가 끝났다. 촛불이 켜졌다. 화려한 트리가 방 안을 가득 채웠고, 우리는 테이불 주위에 빙 둘러앉았다. 성모마리아, 예수님이 태어난 마구간, 동방박사, 구원의 일생 등을 동화처럼 들려주었던 이날의 지우는 친구가 아니라 우리들의 선생님 같았다. 12월 25일 크리스마스는 예수님을 기념하는 생일이라 했다. 게임하며, 노래하며, 그야말로 밤새워 크리스마스 파티를 신나게 즐겼다.

 지우가 밤에 추울까 봐 가지고 오라는 담요를 들고 온 친구는 아무도 없었다. 커다란 솜이불 하나를 펼쳐 가로세로 누워 얼굴만 내밀고 가족들이 함께 덮고 잠을 자던 시절이라 나처럼 친구들도 작은 담요가 없는 듯했다. 급사 아저씨가 지펴 준 군불로 방은 따듯했다.

 12월, 크리스마스가 다가오면 꺼져 있던 추억에 불이 켜진다. 그날의 따듯했던 아랫목, 소나무 트리, 어린 소녀들의 눈망울은 별빛보다 더 영롱하게 빛났었다. 우린 아마 일부러 기억하려 하지 않아도 늘 생각나는 사람들이 될 것이라 믿는다.

스마일 이즈 마이 라이프(Smile is my life)

웃고 싶다.
즐기고 싶다.
빠지고 싶다.
색소폰 취미 활동에,
훗날 내 삶 뒤돌아보아야 할 때
한숨 쉬지 않고,
우울하지 않고,
후회하지 않고,
슬퍼하지 않고,
치매의 순간이 오더라도
난 그저 웃고 싶다.

사람은 행복해서 웃는 것이 아니라 웃어서 행복한 것이라 했다. 그래 웃자. 롱톤, 텅잉, 칼톤, 비브라토 흉내는 내지만 어려운 소리 잘 몰라도 득음하지 않아도 좋다. 어설프게 흉내만 내어도 좋다. 신나면 된다. 내 소리에 취하고, 내 소리에 감동하고 내 소리에 만족하면 그만이다. 치매의 순간이 오더라도 난 그저 웃고 싶다.

　텔레비전이 없던 어린 시절, 시골집에서 라디오에 음악이 나오면 엄마는 나를 마당에서 불러 세워 춤을 추게 했다. 유치원이 있어 아이들과 재롱잔치를 경험해 본 것도 아니고 그때 참으로 난감했다. 부끄러워 작숫대에 몸을 가렸다. 눈만 가려질 뿐이었다. 마루에서 아버지도 미소를 짓고 나를 지켜보고 있었다. 부모님의 성화에 도망치거나 벗어나면 막내딸의 특권인 어리광을 피울 입지가 사라지게 될 것 같은 분위기였다. 어색한 부끄러움에 몸이 비비 꼬였다. 쭈뼛하게 몇 번의 팔 동작이 있고부터 몸을 흔들고 엉덩이까지 흔들게 되면서 부끄러움은 사라졌다. 몇 번 반복되면서 라디오의 음악과 부모님의 응원으로 마당에서의 나의 재롱은 자연스러워졌다.

　장안사 근처 친구가 운영하는 요양원에 간 적이 있다. 마침 그날은 어르신들의 생일잔치를 하는 날이었다. 자주는 아니지만 주말에 가끔은 색소폰으로 봉사활동을 한다. 노래하는 사람이 빠지거나 적은 인원으로 참가하는 날이면 가끔은 사회도 보고, 한복으로 갈아입고 가요무대에서 부르는 옛 노래 두어 곡을 부르기도 했다. 어릴 적 부모님 앞에서 재롱을 떠는 것처럼 편하고 자연스럽다. 마지막 헤어질 때면 손을 잡거나 비비고 끌어안고 작별 인사를 한다. 거리낌 없는 나의 행동에 다른 친구들이 의아해하거나 놀라기도 한다. 생전 부모님을 마음껏 안아 드리지 못한 마음의 설움과 그리움 때문인지 모른다.

  삶의 긴 여정을 따라 쉼 없이 걸어오신 어르신을 만났다. 누구에게나 주어진 생로병사의 그 길의 긴 여정 동안 얼마나 행복했을까. 많이도 지치고 힘들었을까. 뒤돌아보면 우리네 삶이 그렇듯, 후회하실까. 기억 너머 저편에 있는 모든 걸 잊어버리고 싶어 치매를 끌어안고 계시는 걸까. 노년의 향기다. 노년의 향기는 슬픔이 아닌 편안함의 훈장이기를.

  사람마다 아픔과 그늘이 없는 사람이 어디 있을까. 삶의 아픔, 그늘이 내게 드리워지더라도 날려 버리면 내 것이 아니다. 우리 사는 날까지 웃으며 즐겁게 살자. '누죽걸산'이다. 인생의 마침표 찍는 날이 늘 그려지고 생각하게 하는, 그래서 더없이 소중한 오늘이다.

  친구들아, 노년에 우리 만날 때 기억은 들고 오기다. 나답게 너답게 잘 살다가 기운은 잃어버리더라도 기억은 잘 챙겨 두었다가 우리 만나자. 혹여 잃어버리면 뒤돌아 꼭 다시 챙겨 오자. 그리고 예쁘게 웃으며 살자. 내 삶의 그늘이 가장 짙게 드리우던 날 노래하듯 외쳤던 스마일 이즈 마이 라이프.

작품 해설

■ 작품 해설

정감의 화술과 인생 성찰로 직조한 서사

박양근(문학평론가, 부경대 명예교수)

사람은 태어나면서부터 운명과 자유의지라는 두 수레바퀴가 끄는 삶을 살아간다. 운명을 거부하지 않고 반가이 존중하는 정신이 개인의 삶을 어떤 방향으로 이끄는가를 결정한다. 신의 섭리와 팔자타령이라는 말이 있지만 중요한 것은 개인의 자각이다. 스스로 해결한다는 진정한 개인성은 때때로 자주나 자존이라는 말로 불리기도 하지만 사람의 생활과 감정을 형성하는 기본이라는 사실은 변함이 없다.

출생과 달리 작가가 되는 것은 선택의 길이다. 의지이며 자립이며 제2의 탄생이다. 일찍 오기도 하고. 늦게 그 길을 발견하기도 한다. 그 어느 경우든, 작가는 스스로 출생하고 양육하고 발전하는 신원을 갖는 것이다. 그만큼 인생과 세상을 대면하는 관점이 다양해짐으로써 자신의 존재성을 승화시켜 나갈 수 있다.

최말순 작가는 순탄한 인생 여정을 부여받지 못하였다. 시골 집안은 가난하였고, 몸은 허약하였고, 배움의 환경은 열악하였다. 시대적 탓도 있지만 어찌할 수 없는 가정적 곤궁함이 더 컸다. 그 점에서 말순이라는 이름은 막내딸이라는 의미보다는 운명적 환경을 어떻게 극복하였는가를 알려 주는 기호에 가깝다. '너의 곡식은 되로 담는 게 아니라 말로 담는다'는 잠언 같은 어머니의 말씀으로 최말순은 거듭난다. 그 인식과 성숙의 첫 수필집 《무면허 초의사》에 실린 작품이 말한다. 어린이집 원장으로, 친정 집안의 반장으로, 부모가 살던 집의 후계자로, 주변의 신뢰를 받는 수필가로, 무엇보다 당당한 그녀만의 인격체를 이루어 낸다. 그녀의 작품이 푸르고 향기로운 자서를 이루는 이유다.

그녀가 이루어 가는 존재의 바닥에는 순수한 감성이 맑게 흐른다. 어린이를 교육하면서 갖게 된 천진함과 꽃과 채소를 키우면서 얻는 자연애와 문학에서 피어난 배려심이 순연한 성품과 어울린 문장을 펼치게 한다.

1. 자아정립을 위한 길 딛기

최말순의 수필에는 티 없는 순수와 당찬 기개라는 두 심층수가 흐른다. 그 성품을 거슬러 올라가면 하나의 원천이 나타난다. 그것은 "셀프 마인드 컨트롤"이라고 작가가 말하는 자력갱생과 가족들의 애정이 합친 하나의 실체다. 흔히 어린 시절에 부유하고 넉넉한 가정에서 성장하여 어른이 되면 여유로운 마음을 가진다고 하지만, 그것은 자제심과 양보심이 수반되었을 때의 경우다.

이기적이고 남을 배려하지 못하는 소아주의에 그치기 쉽다. 반면에, 진정한 베풂과 나눔은 궁핍 속에서 형제애와 소양을 습득한 자아 형성에서 더 많이 발견된다.

　최말순은 어린 시절부터 현실을 능동적으로 수용하였을 뿐만 아니라 새로운 관점으로 바라보며 성장의 발판으로 삼는다. 〈생의 첫 선물〉이 그 화소를 도입하고 있다. 사람이 태어나 최초로 받는 선물이 무엇이냐 묻는다면 생명이라고 대답할 것이다. 그러나 곰곰이 생각하면 다름 아닌 이름이다. 이름은 취사선택의 여지가 없다. 부모는 자녀의 미래를 위해 좋은 이름을 지어 주지만 여자아이의 경우, 남아선호사상으로 다음에 남자가 태어나기를 기대하며 끝순이 등으로 부른다.

　'말순'이라는 이름도 그 예로서 키가 작은 터라 더 많은 놀림을 받았다. 초등학교 입학식 날, 감수성이 예민한 아이는 제 나름 한껏 멋을 냈지만 선생님에 의하여 "바닥에 추락한 날"이 되어 버린다. 학교생활의 첫날에 '생애 첫 선물'인 이름 때문에 수모를 당한 것이다. 풀이 죽어 집으로 돌아왔을 때, 어머니는 현명한 가르침으로 극적 반전을 일으킨다.

　집에 와서 퍼질러 앉아 발바닥 비비며 앙탈을 부렸다. 선생님이 놀렸다고 엄마에게 말했다. 하얀 박하사탕으로 나를 달래는 엄마는 작은 됫박과 타작 후 곡식을 되는 둥근 나무 말통을 가져왔다. "언니들은 한 되로 살지만, 너는 한 말로 산다. 봐라, 한 됫박보다 한 말은 이리 크다 아이가. 너는 언니보다 열 배의 부자로 살 거다. 이렇게 큰 말통의 '말' 자가 너의 이름 속에 들어 있다. 너의 이름은 참말로 좋은 이름이다." 박하사탕의 단맛에, 엄마의 그럴듯한 다독거림에 나는 울음을 뚝 그쳤다.

- <생의 첫 선물>에서

　어머니가 '한 말로 살고 10배의 부자로 살거라'고 말해 준 풀이는 딸의 눈물을 달래기 위해서다. 단순한 달램이더라도 최말순은 그때부터 자신의 이름에 긍지를 갖고 자아를 사랑하게 된다. 초등학교 일 학년생이지만 어른으로의 성숙을 맞이한 전환기로서 그 순간은 인생의 갈림길이었다. 작가도 "내 생애 가장 큰 기쁨은 부모님이 말순이라 불러 준 무한 긍정"의 시간이었음을 잊지 않는다. 모든 사물은 긍정과 부정의 양면성을 지니기 마련이므로 어느 쪽을 취하느냐에 따라 미래가 달라진다는 주제를 구현한 작가적 일화라고 하겠다.

　우리나라가 가난하던 시절에 대부분의 가정은 다산의 자녀를 키웠다. 당연히 옷을 물려 입고 동생들은 불만을 가졌다. 나라와 가정의 살림이 나아지면서 어른이 된 형제들은 그때를 그리운 시절의 이야기로 웃게 되었다. 지금은 아파트마다 헌 옷이 폐기되다시피 할 정도로 낭비가 심하다. 최말순의 어린 시절에도 자매로 이어지는 내리 헌 옷과 어머니의 재봉틀 옷 수선은 자연스러운 집안 풍경이었다. 그녀가 어린이집을 개업한 초창기에는 운영비가 부족하여 긴축 가계를 꾸려야 하였다. 결혼 패물을 전당포에 맡기고, 산동네 단층집 반지하방으로 옮겨 가면서 원을 정성스럽게 운영하였다.

〈교복 입고 출근했다〉는 그 시절을 회상하는 작품이다. 아파트 주민들이 지하에 모아 둔 재활용품 중에서 감색 정장 재킷을 골라 세탁한 후 관공서 볼일을 보러 갈 때 입고 다닌다. 그 후 알고 보니 인근 남자 고등학교의 교복이었다는 내용으로, 어려운 시절의 슬픈 일화로 자리한다. 하지만 부끄러운 실수가 아니라 재활용으로 경제적 삶을 건전하게 바꾸고 가정 절약에도 도움이 되었다는 결론을 맺는다. 최말순의 검소한 생활과 긍정적인 마인드가 돋보이는 에피소드로 삶이 진정 무엇을 필요로 하는가를 일러 주는 팡세이기도 하다.

고진감래는 인생 후반의 반전을 나타내는 말이다. 가난한 집안이지만 부모의 정성과 형제자매의 따뜻한 우애를 받으며 성장한 그녀는 남다른 가족애를 지니면서 시골집과 텃밭에 남다른 애착을 갖는다. 세상사에는 기복이 있기 마련이듯이 오빠는 외환 위기를 맞이하여 시골에 있던 자산을 처분하여야 했다. 논밭은 어찌할 수 없다 하더라도 부모가 평생 살아온 집은 지켜야 했다. 우여곡절 끝에 막내딸은 자신의 명의로 집과 밭 터를 물려받는다. 정성을 기울여 집을 개조하고 꽃과 잔디를 심고 텃밭을 가꾼 후 어머니의 호미를 나무에 걸고 아버지가 만든 앉은뱅이책상을 방 안에 들인다. 그녀는 저세상에 있는 어머니 강 여사에게 자신이 이루어 낸 거사를 호쾌하고 당당하게 고한다.

"강 여사, 십 년만 웃게 해 줄게. 십 년만 옛 놀이터에서 웃으며 놀다가 가. 이제는 양식 걱정, 자식 걱정, 물 걱정, 영감 걱정 안 해도 되잖아. 반으로 접은 허리 쭉 펴고 웃으며 살아. 자식을 최고로 여긴 강 여사였잖아. 집이랑 텃밭이랑 그대로 있잖아. 이젠 일터가 아니라 놀이터야. 마당에 꽃밭을 만들어 두었으니 한두 번 물이나 줘. 길 건너 텃밭도 잘 가꿀 테니 뒷짐 지고 와서 점심때 드실 푸성귀나 뽑으면 돼."

- <강 여사의 놀이터>에서

시골집은 정체성을 키워 준 곳이다. 부모의 사랑이 있던 둥지와 자신이 살아온 길을 알려 주는 산실로 그려지는 가운데, 어머니에게 "강 여사"라는 존칭이 추서된다. "뒷짐 지고 와서 점심때 드실 푸성귀나 뽑으면 돼."라는 말은 어머니에게 드리는 극진한 칭송이자 여자의 한이 어떻게 딸에 의해 보람으로 바뀌는가를 보여지는 문장이면서 "말"로 팔자를 받는다는 축복을 내린 어머니에게 드리는 상패 문구이기도 하다. 나무 한 그루도 인내와 땀으로 심어야 한다는 인생론에 버금한다.

<새들의 잔치>와 <낙엽 다비>는 작가의 사유와 사색이 두텁게 깔린 작품이다. <새들의 잔치>는 시골에서 새와 곤충과 벌레와 함께 사는 행복한 자화상이다. 주인이 출타했을 때 살고 있는 그

들을 지켜보면서 약간만 욕심을 내려놓으면 자연과 함께 살 수 있다는 생태주의를 표방한다. 〈가을 다비〉는 낙엽을 태우는 일을 "경건한 의식"으로 묘사하면서 나무처럼 최선을 다하여 산다면 "완전한 소멸은 삶의 희열"이 된다고 믿는다는 내용이다. 다비식이라는 문학적 비유도 맛깔스럽다.

최말순은 인생의 가르침과 행복을 "말"로 받았다. 말순이라는 이름답게 제값을 지니도록 최선을 다하여 인생길을 개척하였다. 겸손과 배려도 먼저 잊지 않음으로써 운명의 신이 그녀에게 호의적이고 따뜻한 손짓을 내밀었다는 게 더 적절한 풀이일 것이다.

2. 가족 서사의 빛과 그림자

부모와 형제자매로 이루어진 가족은 혈연으로 이루어지는 최소 공동체다. 세상에 태어나는 순간부터 사람이 배워야 할 여러 가지 윤리와 도덕과 규범이 가정이라는 교실에서 이루어진다. 최말순의 성격과 자질도 그렇게 가정에서 형성되었다. 부모의 사랑이 지극하였고 형제자매 간의 우애가 남달랐다는 점은 그녀가 이루어 낸 성과 곳곳에서 감동적으로 입증된다. 작가는 《무면허 초의사》를 집필하면서 가족의 소중함을 거듭 떠올렸다. 결혼 후 가정에서, 원 운영에서, 사회에서 이룬 것이 부모와 형제의 다감한 베풂의 결과임을 깨닫고 그들을 가족 서사의 무대로 초대한다.

이곳은 자신의 삶을 엮는 전(傳)의 구성에서 가족에게 있었던 희비를 기록하는 록(錄)으로 이입하는 시점이기도 하다.

　가족사는 대개 당사자의 결혼을 시점으로 전후로 나누어지며 여성의 경우는 남성보다 서사적 비애가 더 크다. 청년에 이르기까지 경제적 독립이 미비하므로 가족으로부터 미래에 필요한 사는 법도 배운다. 최말순에게 가장 큰 보호자는 농부인 아버지다. 아버지는 한학을 공부하여 면사무소 직원이 되었지만, 집성촌 장손을 대우하려는 가문에 밀려 그 자리를 넘겨준다. 아버지는 "붓 대신 수군포"를 쥐어야 했다. 삽의 사투리인 〈수군포〉는 아버지의 한과 열성을 다한 농사일을 소재로 한 작품이다. 막내딸이 회사 사무직원이 되어 아버지의 소망을 풀어 드렸다는 내용에서 알 수 있다. 그 감격적인 가족사 덕분에 뒷벽에 서 있는 아버지의 수군포가 집안을 지켜 주는 파수꾼처럼 그려지게 된다.

　유년 시절의 형제애를 되살린 작품은 〈얼음 가시〉와 〈누야〉다. 〈얼음 가시〉는 초등학교 소풍날 석빙고 하드 하나를 두고 세 자매들이 나누어 먹을 때 대부분을 베어 먹어 버린 잘못으로 두 언니에게 진 빚을 갚아 가는 내용이다. 밍크코트를 사 주고 셋째 언니에게 아파트를 조건 없이 물려주는 자매애는 현실에서 찾아 보기 어렵다. 하지만 그것은 자연스러운 보답이며, 글로 쓰는 것도 자랑이 아니라 배려이기 때문이다.

　〈누야〉는 '말순'의 이름 덕을 보고 태어난 남동생이 누나를 보호해 주는 의리를 담은 글이다. 찔레나무 덤불 위에 넘어져도 부모에게 이르지 않고, 소주 반병을 나누어 마시고, 값비싼 라디오를 분해했던 동생은 후일 코레일 최고의 자리에 앉는다. 남의 좋은 일을 진심으로 기뻐하는 것을 불교에서는 수희(隨喜)라고 한다. 마찬가지로 남동생을 소개하는 유머와 잔정이 그녀의 집안이 일어서게 한 동력이라 말할 만하다.

〈큰언니〉는 가족이 서로를 얼마나 위하는가를 알려 주는 가족사의 백미다. 대부분 맏이는 농사일과 집안일은 물론 동생을 건사하느라 자신의 앞길을 희생하기 마련이었다. 유달리 막냇동생을 아끼는 큰 언니는 당시 산업화의 흐름에 따라 시골을 떠나 도시 공장에 취직하여 집안 살림을 크게 보탰다. 막내 여동생에게 공장에서 번 돈으로 팥빵을 사 주고 달걀노른자로 마사지를 시켜 주고 맞춤 교복을 입힌다. 아버지에게 논 두 마지기를 사 드리고 무엇보다 막냇동생 최말순을 회사 사무실 직원으로 취업시켜 준다. 당시 중학교에 다니던 최말순은 "언니가 골병 들도록" 일한 덕분임은 꿈에도 모르고, 해 준 공장 일터가 좋은 줄로만 알았다. 이제 그녀는 큰언니의 수명을 재촉한 헌신이었음을 뒤늦게 깨친다.

그때는 철이 없어 몰랐다. 기술자가 되기 위해 열악한 작업 환경에서도 궂은일 마다하지 않고 감내했던 가슴 아픈 희생을. 큰언니인들 산뜻한 교복 입고 학창 시절을 보내고 싶지 않았을까. 큰언니도 마음속에 감추어 둔 맘껏 펼치고픈 꿈이 있었을 것이다. 큰언니에게서 내가 받은 혜택은 당연한 것이 아니라 맏이의 배려와 희생이 있었기에 가능한 일이었다.

- <큰 언니>에서

작가는 '언니의 정성이 자신을 살렸다'고 말한다. 이 외에도 "내가 받은 혜택은 … 맏이의 배려와 희생"이라는 깨달음이 여러 작품에 배어 있다. 은혜를 입으면 보답하여야 한다는 인생철학으로 언니를 송가인과 부용꽃에 비유하고 지금은 스스로 "친정집 반장"으로 자처한다. 어머니와 큰언니와 막내딸로 이어지는 잔잔한 가족사와 《무면허 초의사》는 진지한 감동이 무엇인가를 알려 주기에 부족함이 없다.

사람의 삶에서 결혼은 생활에 큰 변화를 일으킨다. 가족 구성과 생활 방식이 달라지고 개인의 위상도 변한다. 여자에게는 아내와 주부라는 신분이 주어진다. 전통 사회에서 결혼을 혼사라고 부르는 이유도 새로운 가족의 출현을 뜻하기 때문이다.

최말순은 자신의 중매와 결혼을 드라마처럼 그려 내었다. 사적인 삶이지만 마치 친구의 결혼 사연을 전달하는 듯 간접 방식을 택하였다. 요지는 두 집안의 어른 여자들이 병원에 입원했을 때 자연스럽게 집안 이야기를 나누고 혼처를 수소문하는 가운데 최말순이 신부와 며느리가 되었다는 사연이다. 연극배우처럼 두 여자가 멋진 중매 연기를 한 덕분이기도 하지만 며느리로서 탐낼 만한 자격을 갖추었음을 증명한다. 시어머니가 며느리에게 장독대 살림을 맡기고 살던 집과 열쇠 꾸러미와 보석함을 통째로 건네준 것도 며느리에 대한 믿음을 예시한다. 이러한 원근 작법은 독자의 공감을 불러일으키기에 충분한 효과를 지닐 수밖에 없다.

행불행은 언제나 자리를 바꾼다. 전화위복과 새옹지마는 사람 따라 달라지지 않는다고 작가는 믿고 있다. 최말순의 지금의 결혼 생활은 비교적 만족스러우나 초기에는 가부장적인 가정에서 성장한 탓에 우스개 같은 촌극을 빚기도 하였다. 사람이 거창한 일보다 사소한 섭섭함을 오래 기억하는 성향이 강한 이유는 조그만 잔정에 더 감동하는 인간 심리 때문이다. 작가는 그런 심정을 결혼 초의 〈계란프라이 세 개 사건〉이라는 일화로 소개한다.

남편과 둘이 먹는 밥상이었다. 반찬으로 계란프라이 두 개를 했다. 함께 자리에 앉기도 전에 남편이 후다닥 두 개를 먹어 치웠다. 두레상에 가족들이 앉아도 숭늉 떠 오고 자리에 앉으면 내 몫의 반찬은 사라지기 일쑤였다. 그래도 남편은 둘이 있으면 아내를 챙겨 줄 줄 알았는데 아니었다. 양이 모자랐나 싶어 다음에는 세 개를 만들었다. 이번에도 세 개를 다 먹어 치웠다. 몇 년 후 사소한 감정이 모여 폭발하던 날, 오래전 계란프라이 세 개 사건으로 시비를 걸었다. 나에겐 큰일이었지만 그는 아무렇지 않게 말했다.

- 〈계란프라이 세 개 사건〉에서

결혼 초 신혼부부는 예전의 사고방식의 매여 상대를 살피기가 힘들다. 예를 들면 아내는 남편이 프라이를 남겨 주기를 원하고, 남편은 필요한 만큼 먹으려 한다. 그들은 젊어 경험이 부족할 따름이다. 세월이 약이라는 말처럼 남편은 지천명을 넘기면서 든든한 보호자가 되어 가정을 살갑게 돌본다. 그런데 최말순은 그때를 털어 내기 힘들다. 이 작품이 전달하는 주제는 상대방과 소통을 이루려면 자신과의 화해가 먼저 필요하다는 것이다. 부부로서 평생을 살아 낸다는 것은 만만한 게 아니다. 결혼 일화를 빌려 와 자신을 다스려야 한다는 인륜을 '세 개의 계란프라이'로 풀어 낸 수필 작법이 꽤 흥미를 준다.

가정사와 가문사라는 줄거리를 세우기가 생각만큼 쉽지 않다. 자랑하든, 부끄러운 일이든 진지성과 솔직함이 없다면 들추고 꾸미는 이야기에 그쳐 버린다. 수필의 고백성은 자신의 어떤 모습에도 당당한 자존감을 지니고 표현하는 것이라고 하겠다.

3. 초(草) 의사의 사랑과 아픔

사람은 애당초 완벽하지 않다. 신이 인간을 창조했다는 기독교 교리를 빌리지 않더라도 사람은 질병과 노쇠와 죽음 앞에서 누구나 유한하고 불완전하다. 이 불완전성이 서로 보살핌을 주고받아야 한다는 사실을 강조한다.

우리나라는 아직도 사회적 약자를 소홀히 여기거나 차별하는 경우가 적지 않다. 진정한 선진 국가는 복지 제도로 평가하지만 우리의 현실은 아직 그렇지 못하여 많은 가정이 고초를 겪고 있다. 최말순의 수필은 그러한 계층에게 관심을 기울여 보라고 호소하면서 장애인과 가정 결손 아이들이 당당한 사회의 일원이 되도록 직간접적으로 도와주려 한다.

〈무면허 초(草)의사〉는 자각의 휴머니즘이 생태주의와 결합하고 작가의 가정사와 어린이집 운영담이 함께 어울린 작품이다. 자연에서 자라는 화초와 달리 가정에서 성장하는 어린이는 부모와 주변인들의 도움이 필요하다. 장애인 아들을 키워 냈던 경험이 있으므로 어린이집의 아이들은 각별한 보살핌의 대상이 된다. 정원을 가꾸는 사람을 좋아하는 이유도 그들이 어머니다운 애정을 지녔기 때문이라고 말하는 표제작은 작가 정신을 통섭한 대표작이기도 하다.

나무나 숲은 하루아침에 심어지고 이루어지는 게 아니다. 긴 시간 인내와 땀이 흙 속에 심어져야 가능한 일이다. 그들에 비하면 나의 행위는 조족지혈이다. 한 포기 식물에서라도 숨을 토해 낼 수 있고 생명을 이어 갈 수 있으면 그것으로 족하다. … 베란다 창문을 열어 커다란 산의 숨이 베란다에 뿜어져 들어오면 식물도 나도 숨을 크게 들이마신다. 오늘도 산은 커다란 얼굴을 들이밀고 아파트 베란다를 기웃거린다. 사시사철 새소리를 들려주고 변화하는 계절의 풍경과 자연의 소리는 덤이다.

- <무면허 초(草)의사>에서

　그녀는 면허를 가진 의사 못지않게 어린이의 심리를 읽고 그들의 가정사를 도와주는 열성을 발휘한다. 그녀의 글을 읽어 갈수록 우리 사회는 면허증을 가진 의사가 아니라 인간애를 지닌 의사가 필요하다는 것을 절감하게 된다. "나는 오늘도 무면허 초(草)의사 명찰을 달고 진찰을 나선다."라는 결미는 그녀의 각오와 소명에 대한 자기 약속이다.

　작가에게는 남모르는 아픔이 있다. 첫아이가 태어났을 때 시댁 어른들의 무지로 제왕절개 수술을 늦게 한 탓에 뇌에 장애를 입는다. 당시 의사는 어느 시기에 다다르면 뇌 장애 후유가 있을 수 있다고 진단하여 가정에 그림자가 드리워진다. "세상에 나오면서 부러져 버린 날개였다."로 시작하는 〈비상(飛上) 2〉와 "남들보다 뛰어나서 우등상은 못 받았지만, 유치원 초중고 대학에서 하루도 결석하지 않아 모두 개근상을 받았습니다. 부족하지만 결심하면 끝까지 하는 끈기와 인내력, 성실함이 저에게 있습니다."로 마무리하는 아들의 취업 자술서를 옮긴 〈비상(飛上) 1〉은 모자가 겪은 시련과 수십 배 더 노력해야 했던 힘든 시기를 고스란히 전해 준다.

　장애아를 키우는 부모의 마음은 오직 그들만이 이해할 수 있다. 아이에 대한 죄책감과 꿈을 펼치도록 날개를 지켜 주지 못한 부모의 심정을 "아프게 두들겨 팼다."로 묘사한다. 그들의 경우도 마찬가지였다. 오랜 약물 치료는 군 복무 면책 사유가 되었지만 차라리 아들이 건강하여 군에 갔으면 하는 소망을 "슬픔에 찬 부러움"이었다고 〈비상(飛上) 2〉에서 표현하기까지 한다.

그 아이가 당면한 현실은 냉엄하지만 좌절하지 않는 성격이 어머니의 품성을 닮았다. 모자는 취업의 문을 뚫기 위하여 실습 교육을 받고 집에서 밤낮 훈련을 한다. 마침내 "한 사람의 인생을 A4 용지 규격 한 장"에 담는 냉엄한 현실을 극복하고 두 번째로 안정된 일자리를 얻어 출근함으로써 그들은 빛의 세계로 들어온다. 이 부분은 《무면허 초의사》 작가에게 힘찬 박수를 보내고 싶은 내용으로 장애인 가족에게 용기의 빛도 던져 준다.

수필을 나상의 문학이라 한다. 이 진실은 단순한 벗음이 아니라, 보여 주고 드러내고 말하여 공감을 함께 나눌 때 이루어진다. 독자는 그들의 모습에서 자식 교육이 무엇인가를 깨칠 것이고 수필의 진실성이 무엇인가를 새삼 확인할 것이다.

어린이집은 항상 사회의 축소판이다. 경제적으로 사회적으로 가정이 다르기도 하거니와 결손가정과 이주 여성의 자녀는 물론 다문화 어린이도 입학하여 미래의 한국 사회를 엿볼 수 있다. 작은 국제기구를 연상시켜 주는 어린이집은 한국이 나아갈 방향도 제시해 준다. 그러므로 원장으로서 그녀는 이들을 보살펴 줄 소임에 최선을 다한다.

어린이집 운영은 그녀에게는 천직과 다름없다. 가족의 사랑이 무엇인지를 절감한 막내딸로서, 인간의 마음을 남달리 성찰하여야 하는 수필가로서, "내가 받은 평생의 달란트는 아이들을 바라보는 소명이다."라고 천명한다. 소파 방정환 선생을 유달리 존경한다는 말은 그녀의 마음가짐을 알려 주는 푯대다.

잦은 봄비로 5월이 푸르름의 물결이다. 새순의 싱그러움은 나에게 늘 새로운 기운을 안겨 준다. 이 나라의 새싹들을 위해 어린이날을 만들었던 그분의 정신세계를 다시금 되새긴다. 아동의 권리 보호 운동을 펼쳤고 일제 강점 어려운 시기임에도 색동회를 주도하여 아동 문학을 본격화했다. 아이들이 행복하게 자랄 수 있는 환경을 만들어 갔던 소파 방정환 선생이다.

- <기쁜 이별>에서

어린이집 운영 체험도 수필집의 중요한 부분을 차지한다. 대표작이라면 장애인 부모 밑에서 성장한 아이를 주인공으로 한 〈기쁜 이별〉, 몽골 가정 출신 아이의 적응을 기록한 〈몽골로 간 사울이〉, 해외 입양 문제를 다룬 〈입양〉, 별거하던 부부를 합치도록 해 준 〈바리데기〉를 꼽을 수 있다. 이들은 어린이집의 실상 외에도 한국 가정의 현재와 미래를 살필 수 있는 소중한 자료와 다름없다.

어린이집 아이들은 우리 어른들이 어렸던 시절에 보여 준 자아의 일부다. 부모의 노동에 떠밀려 버린 아이들, 학교에서 왕따

당한 연약한 아이들, 사회에서 잊힌 아이들, 전쟁으로 고아원에서 성장했던 아이들, 결석이 잦고 다툼이 많았던 아이들, 선생님의 가정방문이 설레면서도 부끄러웠던 아이들, 단칸방에서 형제들과 복작거리며 웃던 아이들, 세상에서 홀로서기를 해야 했던 아이들, 운동회 때 받은 공책 한 권에 행복했던 아이들…. 그들은 사라진 것이 아니라 또 다른 모습으로 우리들 앞에 나타나 '아이들을 사랑하라'고 외친다. 그만큼 가슴 속에 묻혀 있는 과거를 들추는 자화상이기도 하다. 최말순은 현재의 어린이집 이야기로써 동심을 소환하고 나아가 영유아들과 어린이와 아동들을 위한 배려의 시간을 갖도록 일러 준다.

가정과 교육 현장에서 일어나고 있는 갖가지 사연과 해피 엔딩을 적은 최말순의 어린이집 실화는 작은 교육 무대일 뿐 아니라 하위 계층에 대한 관심을 불러일으키는 연단과 같다는 점에서 정독할 만한 가독성을 지닌다.

어린이의 의사로서

수필은 삶에 대한 작가의 해석과 표현이다. 비유하면 작가가 살아온 인생이라는 한 잎 낙엽이 떠 있는 맑은 옹달샘이다. 독자는 그 반추의 샘을 구경하든 인식의 물을 마시든 삶의 진상을 읽어 나간다. 어떤 문학이든 인생에 대한 진지한 성찰에서 비롯한다는 뜻이다.

《무면허 초의사》는 아픔에서 시작하여 꿈과 희망과 웃음으로 나아가는 주름 같은 생의 스토리로 엮여 있다. 고향의 흙과 꽃과 나무를 지켜 낸, 정감이 넘치는 초상이면서 제 나름 열심히 살아가는 사람들의 인생을 전하는 서사로서 수필 문학이 무엇임을 작품화하였다. 작가에게 풀과 꽃은 어린이를 대변한다는 점에서 휴머니즘이라는 주제와 모티프를 구현한다.

수필은 자아 형성과 힐링의 문학이다. 〈작가의 말〉처럼 "염장으로 눌러둔 푸른 상처 하나가 떠오르면서 새살로 치유"한 작가는 흙과 글을 만져 다듬은 수필로써 독자와 통신한다. 가슴에 슬픔 한 조각 묻어 둔 독자는 그녀의 수필로 질박한 인간사를 배워 간다. 어린이 천사를 지키고 키우는 의사는 누구보다 신의 보답을 받을 자격이 있다. 인간의 도리와 자연의 이치를 순연한 문장으로 담아 낸 최말순 작가의 《무면허 초의사》를 품격으로 감싼 인생 서사로 평하는 이유다.

무면허 초의사

초판 1쇄 발행 2024년 10월 31일

지은이 최말순
펴낸이 장길수
펴낸곳 지식과감성#
출판등록 제2012-000081호

교정 김지원
디자인 오정은
편집 오정은
검수 정은솔, 윤혜성
마케팅 김윤길, 정은혜

주소 서울시 금천구 벚꽃로298 대륭포스트타워6차 1212호
전화 070-4651-3730~4
팩스 070-4325-7006
이메일 ksbookup@naver.com
홈페이지 www.knsbookup.com

ISBN 979-11-392-2172-5(03810)
값 15,000원

• 이 책의 판권은 지은이에게 있습니다.
• 이 책 내용의 전부 또는 일부를 재사용하려면 반드시 지은이의 서면 동의를 받아야 합니다.
• 잘못된 책은 구입하신 곳에서 바꾸어 드립니다.

본 도서는 2024년 부산광역시, 부산문화재단 〈부산문화예술지원사업〉으로 지원을 받았습니다.